INTERPERSONAL COMMUNICATION TRAINING FOR YOUNG STUDENTS

青年学生人际交往训练

宋 怡 段姗姗◎编著

中国科学技术大学出版社

内 容 简 介

本书以省级慕课“大学生交往训练”为依托，以社会心理学知识为核心，介绍交往的意义、人际关系发展过程、交往原则、社交礼仪、人际沟通、亲密关系以及人际吸引等知识，提供提高交往能力的训练方法，推进人们更好地开展和建立人际关系，是一本旨在培养青年学生人际交往能力的通识读本。

图书在版编目(CIP)数据

青年学生人际交往训练 / 宋怡，段姗姗编著. -- 合肥 ：中国科学技术大学出版社，2025.8. -- ISBN 978-7-312-06281-0

Ⅰ. C912.11

中国国家版本馆 CIP 数据核字第 2025NY6816 号

青年学生人际交往训练

QINGNIAN XUESHENG RENJI JIAOWANG XUNLIAN

出版 中国科学技术大学出版社
安徽省合肥市金寨路 96 号，230026
http://press.ustc.edu.cn
https://zgkxjsdxcbs.tmall.com

印刷 合肥华苑印刷包装有限公司

发行 中国科学技术大学出版社

开本 787 mm×1092 mm 1/16

印张 16.5

字数 238 千

版次 2025 年 8 月第 1 版

印次 2025 年 8 月第 1 次印刷

定价 55.00 元

前　言

你好！我是宋老师。很高兴在这里遇到你。

如果你愿意，请闭上眼睛回顾你的人生。当你思考“从什么时刻起，你有明确的交往意愿”时，哪一幕情景浮现在你的眼前？当你回想“在什么样的情境下，你展现了最主动的交往行为”时，哪一个场景出现在你的脑海？如果让你调取“最亲密的伙伴首次出现在你面前的样子”，会是怎样一张面孔从你的记忆深处冒出来？如果让你展示“你最具人际吸引力的形象”，会是你什么时候的、怎样的形象呢？

人们在交往的时候，很少思考交往的意义是什么，但我们从小就自主或不自主地习得了很多关于交往的礼仪。同样地，在与他人交往的过程中，我们也会更喜欢谦恭有礼的人。我们常常提到沟通这个词，会强调沟通的重要性，会想要获得美好的沟通体验，却又可能觉得自己不善于人际沟通，因此感到苦恼。我们喜欢朋友、倾慕恋人，感受着来自家人的温暖，我们也会与朋友产生分歧，会因为和恋人发生冲突而痛苦，会想要驶出家庭的港湾去面对未知的暴风雨。我们知道要管理自己留给他人的印象，但很多时候知道未必就能做到。所以关于人际交往的知识，尽管经过不断地学习，却还总觉得不够，因为最重要的还是要做到知行合一。

不管怎样，希望本书的内容能够引发你的思考，能推进你的行动，进而能给你带来快乐和收获。

如果你在阅读的过程中，突然很想与我们分享什么，请一定要在本书页面旁边的空白处，记录下你的思维小火花，我们期待你来信告诉我们(songyi80@ustc.edu.cn)。

收到你的来信，我们会很快乐，也会有收获。让我们一起探寻和满足交往的需求，感受人生！

目　　录

第四篇　亲密关系，是交往的目标

第五篇　人际吸引，是交往的动能

第六篇　树洞回声——关于人际交往中的困扰

第七篇　沟通宝典——人际交往训练方案

第一篇

人为什么要交往?

十年前，问青年学生为何想要学习交往，通常得到的反馈是“因为不擅长交往，想要变得擅长，愿意付出时间和努力”；五年前，再问，得到了新增的内容“想听交往的故事，会认真听故事”；现在，又有了新增的内容“因为不知道要不要交往，暂时也不知道想要什么，会听交往课程，但或许也会做点别的”。所以，十年前，很多人被学习任务推动，踏出第一步就会体验到惊喜和动力；而五年前，喜欢围观别人故事的人更多了；现在，大家对于交往的需求似乎变得不那么明确。有些人想要交往，但更多时候觉得交往挺麻烦的，不如一个人听音乐、玩游戏，在网络世界溜达来得自在和放松。有些人觉得既然沟通那么麻烦，恋爱容易伤感，干脆单身。可看到身边的人有亲密的朋友时，也会觉得自己有些孤单，偶尔也会希望有亲密的朋友，但又对朋友的期待很高。

但不管怎样，学习本身是为了一边探索自己的需求，一边同步发展多方面的能力。即便你现在没有强烈的动力去结识陌生人，即便你觉得有时候一个人更舒适，也并不妨碍你尝试跳出舒适圈。说到底，交往最重要的是有自主意愿，而且依旧要从对交往的基础认识开始。所以，本书第一篇讲述是人际交往基础，包括交往的意义、人际关系的类型、人际关系发展过程和人际交往的原则。让我们一起开启人际交往训练之旅吧！

交往的意义

交往是有意义的，这一点似乎毋庸置疑。那么对你而言，交往的意义是什么呢？你愿意稍微写几句话吗？

（我们很好奇你写的内容，如果你愿意，期待你分享给我们，我们的邮箱地址在前言中可见。）

既然你写下了你的想法，那么我们也想分享一下，我们所了解的“交往的意义”。

社会心理学家巴克说：“人离不开人，他要学习他们、帮助他们、支配他们——总之，人需要与其他人在一起。”在学者们看来，**对于个体的生存和发展而言，交往是必要的**。

你去过地质博物馆吗？

很多地质博物馆在呈现原始人的生活场景时，通常会布置这样一个现场，就是原始人拿着粗糙的工具和武器，围攻巨大的动物。“落单的动物”对于“落单的人”来说现在是很危险的，但是“落单的动物”对于原始人来说，就可能是一顿饱餐了。原始人一起拿着工具和武器去围猎，是要以交往为前提的，我们的祖先也是依靠人际交往，才渐渐成了地球上最具力量的生物。

其实不光是人，对许多物种来说，个体要生存和发展，也都需要交往。

据说有这样一个观察结果:20 世纪 30 年代,英国送奶公司送到订户门口的牛奶,既不用盖盖子也不封口。因此,麻雀和红襟鸟都很容易喝到凝固在奶瓶上层的奶油皮。后来送奶公司就用锡箔纸将奶瓶封上,防止鸟儿偷吃,但是 20 年后,英国的麻雀学会了用嘴把奶瓶的锡箔纸啄开,继续吃它们喜爱的奶油皮,但红襟鸟却并没有学会。

为什么红襟鸟没有学会啄开锡箔纸呢?这引起了生物学家的兴趣,他们对鸟儿进行了研究,从解剖结果上看,这两种鸟的生理结构没有很大区别,但是在能力进化上发生了很大变化,最后学者们推断这与其生活习惯有关。麻雀是群居鸟类,当某只麻雀发现可以啄破锡箔纸时,别的麻雀就很容易学会。但是红襟鸟喜独居,与同类的沟通仅限于求偶和对侵犯者的驱逐,就算某只红襟鸟可以啄破锡箔纸,其他的红襟鸟也无从知晓这一技能。

对于很多物种来说,生存需要集体交流和行动,只有这样才能使得物种生生不息。

“知人者智，自知者明。”我们每一个普通个体在人生的某些阶段，都可能会反复思考“我是谁”“我为什么是现在这样”“别人是怎样看我的”这些问题。他人就像我们的一面镜子，能映照出各种各样的“我”。

假如你是一名大学教师，那么在朋友眼中，你可能是和蔼可亲、会照顾小朋友的人，虽然教学对象是大学生，但在很多成年人眼里，大学生很多也是“小朋友”；在父母眼中，你可能是和爱因斯坦一样优秀的人，毕竟“癞痢头的孩子自家的好”，何况大学教师这份职业还是挺不错的；在非同行眼中，你是不用坐班且拥有寒暑假的人，实际上大学教师加班的时长是别人想不到的，寒暑假真正能休息的时间也并不多；在学生眼中，你有可能像《哈利·波特》里的斯内普教授一样恐怖，毕竟面对不认真学习的学生，教师该守住的底线是要有的；在自己眼中，则是春风化雨般触动天才心弦的智者。

但这些映照和现实差距有多大呢？比如，笔者也是大学教师，但我们既不是斯内普教授也不是爱因斯坦；我们面对的是大学生，他们有时候像小朋友一样天真，有时候又显示出老练和世故；我们虽然有心理学专业背景，但是自己也常常出现情绪波动，甚至沮丧低落半天不能恢复，并不是没有烦恼或异于常人。

所以，除了对自我的观察、反思，很多时候，我们需要去了解他人是如何看待我们的，而且还需要向他人澄清他们的想法和实际有什么不同。交流会带来更多的自我认识和对他人的理解，交往也因此开展和加深。

在这里给你留一个思考题，可以吗？

在你还能回想起的时光里，幼儿园、小学、初中、高中（这里假设你至少已经是大学生了，如果你处于小学或者中学，请自动忽略还未经历的阶段，谢谢！）等不同的阶段里，别人眼中的你和你的自我认知都一致吗？你因为别人给你的反馈而变得更不一样吗？请你思考，如果你愿意，可以稍微写一写。也欢迎你来信与我们分享。

除了生存和自我认知需要借助交往的力量，我们的生涯发展与成功也离不开人际交往。你现在看到的这张图是一个拓展训练活动器械，叫四米墙。

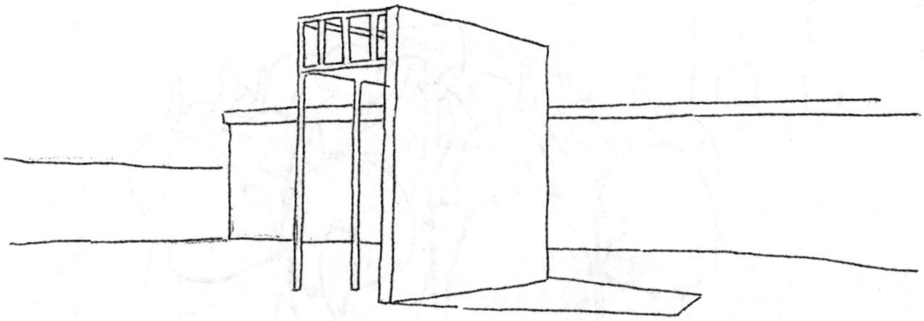

这样一面直立于地面的四米高墙，在没有任何辅助工具的情况下，一个人是无法到达顶端的。但实际上很多人都完成了这一个挑战，他们是如何完成的呢？

这样的挑战很难在人与人之间的陌生状态下顺利完成，因为缺乏交往作为基础，我们彼此很难如此互相信任。但有了交往的基础后，很多困难就变得不那么棘手。

如果我们把四米墙看作对生涯的一种类比。有时候，作业做不出来，有朋友可以问，解决困惑之后，就获得了学习上的进步；有些人在一些事情上总处于劣势，不突破就会止步不前，或者失去前进的机会，但通过和一些具备此类能力或优势的人交往，因此得到提高，进而实现阶段性的成功。还有人，通过朋友的助攻，顺利地从单身变成了“有人管的人”，似乎也可以看作生涯的发展与成功。这里看起来似乎都是获得他人的帮助，

但我们也都是他人的“他人”，交往的对象可以给我们提供很多有利于生涯发展的支持。

跳出个人的舒适圈，**交往对于社会整体进程也有重要的价值**。现代社会已经不能再“闭关锁国”，必须同舟共济。最经典的阐释莫过于习近平总书记所说的“人类命运共同体”。人类只有一个地球，各国共处一个世界，在追求本国利益时兼顾他国合理关切，也要在谋求本国发展中促进各国共同发展。

有学者提出，**交往的内在动力是社会心理需要**。你知道人本主义心理学家马斯洛的需要层次理论吗？看下面的金字塔图，就可以得到一个大致的概念。

其实，在生理需要和安全需要的满足中，交往也是存在的，但你可能觉得不够明显，但当人们渴望获得友谊、爱情、亲情和归属感的时候，交往的驱动就非常凸显了。只有通过交往才有可能满足这些需要，不适当的交往还有可能让我们体验这些需要的丧失。尊重需要也是交往的内在驱力，只有在交往里，人们才能更明显地体会到自尊和来自他人的尊重。人在持续不断的交往中，实现更崇高的理想和抱负，发挥了身心的潜能，最终达到自我实现。

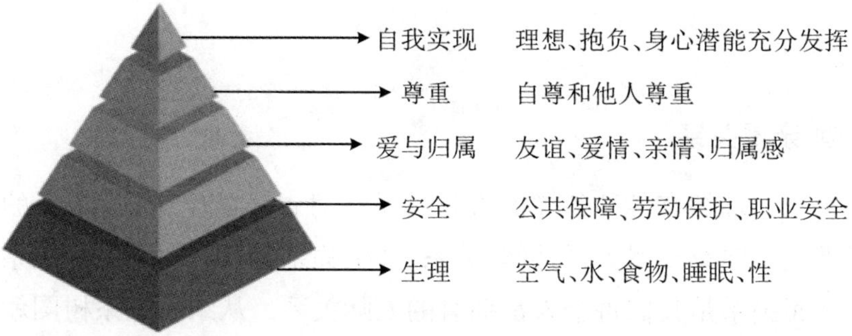

以上就是我们对交往意义的认识，在你的知识宝库中，是否还有我们没有讲到的交往意义呢？推动你去交往的理由又是什么呢？

如果你愿意，欢迎分享哟！

青年学生人际关系类型

◎ 亲属关系

每个人都拥有各种各样的人际关系。对青年学生来说，常见的人际关系类型主要有亲属关系、同学关系、师生关系、趣缘关系、恋爱关系。

亲属关系是我们每个人都拥有的人际关系。从亲属关系树图就能清晰地看到我们有父母，也有可能有兄弟姐妹，继而就有可能有嫂嫂、弟媳、姐夫、妹婿，如果父母有兄弟姐妹，那么我们就会有伯父、伯母、姑姑、姑父、叔叔、阿姨、舅舅、舅妈、姨妈、姨丈，如此扩展，亲属关系网是很庞大的。

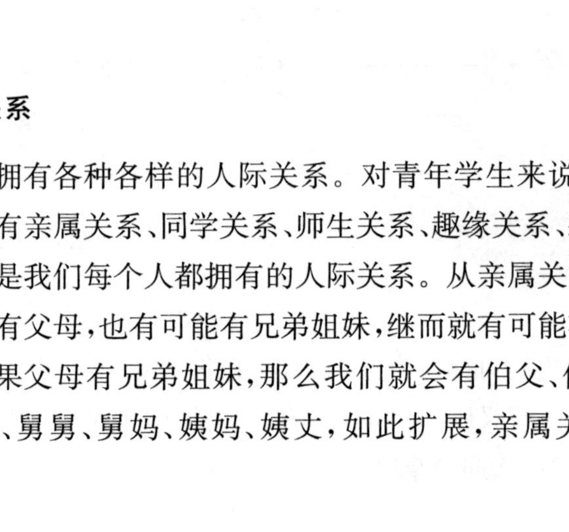

和不那么近的亲属相遇的时间大多是逢年过节的家族团聚，青年学

生也通常是亲属们比较容易关注到的个体。亲戚们会主动嘘寒问暖，询问校园生活，好奇个人发展和恋爱情况。如果学校事事顺心，也许这样的关系互动不会带来太多压力，但如果青年学生对生活和关系有很多不顺和困惑，这些本来出于关爱的询问，可能就会成为其一时的烦扰或导致其崩溃的最后一根稻草。

在亲属关系里，亲子关系应该是比较特殊的。有的人亲子关系融洽，父母既具有大事上的权威性，也常常让孩子感到民主平等，父母能包容孩子，孩子也能理解父母的压力，互相包容、互相支持，这自然是完美的关系。

但大多数亲子关系都有可能经历矛盾冲突及不和谐的阶段。常常能听到来自亲子双方充满矛盾的困惑和辩题。比如：

- 孩子青春期叛逆该怎么办？
- 父母完全不能理解我该怎么办？
- 我们也是为你好，你怎么这么不听话？
- 我想要自己管自己，为什么不让我独立？

这里面的原因很多，不同的亲子矛盾背后的细节各不相同。很难给出一个"一招打遍天下"的秘诀。本书在"亲密关系"一章会聊一聊"亲子关系"的话题，先等等，到那里再看吧！

◎ 同学关系

校园生活中最常见的关系就是同学关系。这里面的人际对象可能有让你又爱又气的寝室同学，让你无比敬佩的班级牛人，让你看到脸红、看不到又思念的初恋对象。很多新生起初面临新环境时充满不适应，这是因为脱离了原先熟悉稳定的同学关系，尚未能在新环境中建立友好默契的新关系。

对于同学关系，很多人非常珍视，尤其是在分离之后。大家常常看到网上说某某班级三十周年聚会，虽然都已人到中年，可是大家还想要穿着带有校徽的衣服，回到曾经的校园，绽放出一种青春的快乐。曾经的同学关系带给人们的情感体验，日久弥新。本书在"亲密关系"一章也会聊到

"同学关系",莫急莫急。

◎ 师生关系

校园里面还有一种关系,跟同学关系存在的时间几乎一样长,但很容易被忽视,就是师生关系。每个人都有可能遇到对自己而言非常特别的老师,但大多数人在毕业后更多地还是联络同学,和大多数老师只能算擦肩而过的陌生人。

这是因为不同阶段的师生关系差别较大。中小学阶段,班级固定,老师也相对固定,师生交互密切,而大学阶段,如果你只是选修一门课,又跟授课老师很少互动,他也没有在给成绩的时候让你特别惊讶,那么很快你就不再感受得到这一段师生关系,因为这个关系交互很少,联结很浅。但也有一些同学因为得到了一些老师的倾力支持,或者遇到了自己特别喜欢的老师,所以互动很多、交往很深,这样的师生关系就会对大学生产生深刻的影响。同样,本书在"亲密关系"一章也会聊一聊"师生关系"。良好的师生关系往往会对青年学生一生的发展都产生重大影响。

◎ 趣缘关系

对于青年学生而言,还有一种人际关系比较特别,那就是趣缘关系。趣缘,顾名思义,就是因为兴趣而产生的缘分。通常可以理解为因为加入社团而建立的人际关系。大多数青年学生会根据自己的兴趣爱好加入社团,在那里就会遇到跟自己兴趣相投、志同道合的人。因为有共同语言、共同兴趣,彼此之间就更容易接近和熟悉,建立和发展人际关系。

◎ 恋爱关系

我们通常认为,青年学生最为期待的一种人际关系,是恋爱关系。毕竟青年学生大多处于青春期的晚期和青年早期,这一时期的心理发展任务就是建立亲密关系,对于亲密的渴求是自然的身心需要。如果你能遇到一个游戏带你飞、学习一级棒、运动能力还很强的帅哥,如果你遇到一个不但能和你一起在游戏里打天下、有人生目标，还性格宜人的美女，并且你们互相欣赏看对眼，那真的就像小说电影里面的美好情节一样，非常完美。但是在现实生活中，更常听到的是，“我今天看到了一个喜欢的人，然后，我就去吃饭了”“我暗恋了许久的那个人，今天宣布恋爱了”“我们寝室都脱单了……除了我”。

青年学生没有获得恋爱关系的人似乎占多数。不少同学只能在别人官宣恋爱的信息下发送“99999”，自己则处于一种时而期盼、时而沮丧的状态。有不少调查都想搜集青年学生谈过恋爱的比率，但至今也没有看到过特别官方的大数据结果。有人说，总体看应该有 60%的青年学生在校期间建立过恋爱关系，书前的你看到这个数据时，是点头认同，还是震惊呢？抑或发出“这都没有我”的感慨呢？不要着急，本书在“亲密关系”一章会多花一点笔墨，谈一谈“恋爱关系”。先不要着急往后翻哟，慢慢来，先了解更多基础知识，会有助于你理解“恋爱”这个复杂而奇妙的话题。

总的来说，青年学生是可以拥有很多人际关系的。如果你觉得孤单，那么本书也许能给你提供一些小小的帮助，在你的生活小花园里，挖出一个小泉眼，让交往之流涓涓而出。

认真阅读，边读、边想、边写、边做，你会有收获的。

你的同学关系：

你的师生关系：

你的趣缘关系：

你的恋爱关系：

人际关系发展过程

虽然你看了这本书，但我们还是陌生人。如果你好奇去网上搜到了我们的照片，我们还是陌生人。但如果你给我们来信，我们相约见面，那么我们的人际关系就可能从最初的陌生人开始，逐渐展开交往的故事。

接下来，就让我们来看看典型的人际关系发展过程吧！

这里有一张人际关系的状态及其相互作用水平的图解。

图　解	人际关系状态	相互作用水平
○　○	零接触	低
○→○ ○↔○	单向接触 双向接触	↓
○○	表层接触	
	轻度接触	
	中度接触	
	深度接触	高

我们可以把每个个体看作一个小圆圈。两个小圆圈最初是零接触的，相互作用水平显然很低。生活里这样的陌生人太多了，每天都有很多很多的小圆圈路过了彼此，但又似乎从没有相遇过。

当一个小圆圈单向关注到另一个小圆圈，人际关系的状态就有发展的动力了。如果双方都关注到彼此，并且有意愿接触一下，那么双向注意的人际关系状态就出现了。你不妨回忆一下，和你的某位朋友最初注意到彼此时，是因为什么原因，是在怎样的环境下，这应该是挺有意思的回忆吧。

当双方都关注到彼此，比如同上一门课的时候，主动坐在了相邻的位置，而后开始有一些最简单的打招呼之类的表层接触，这时的相互作用水平就已经和最初的陌生远远不同。

慢慢的可能就是轻度卷入，彼此交集增多；中度卷入，成为别人眼中明显的朋友；深度卷入，变成知己。

人际关系的状态变化在这幅图里一目了然。

其实，如果两个小圆圈一直运动着，也不一定就是卷入、卷入、再卷入，有可能卷入之后又远离了。很多人做了一段时间的朋友后，也许关系反而变得比之前疏远，相互作用水平又变低了。

但请注意这不是回到了某个阶段，而是一个继续向前变化的状态，人际关系是一直朝前、动态变化的。

心理学家奥尔特曼和泰勒经过对人际关系长期研究认为，和谐、融洽的人际关系的建立和发展，从交往及情感的由浅入深到良好人际关系的形成和发展，一般需要经过交往定向、情感探索、感情交流和稳定交往四个阶段。

◎ 交往定向阶段

这一阶段，涉及交往对象的选择，包含着对交往对象的注意、抉择和初步沟通等多方面的心理活动。

在熙熙攘攘的世界里，人与人发生关联的可能性几乎是无限的。实际上，我们并不是同任何一个相遇的人都能建立良好的人际关系，而是对人际关系的对象有着高度的选择性。

通常情况下，只有那些具有某种会激起我们兴趣特征的人，才会引起我们的特别注意。在一个团体中，我们会首先将这些人放在注意的中心，并试图与其发生实际的交往。

注意也是选择，它本身是某种需要倾向的反映，但注意的选择是自发的、非理性的。比如，在我们选择恋人时，某些与我们观念中理想的情人形象相接近的那些异性，会尤其吸引我们的注意。

与注意不同，抉择是相对理性的。人们决定选择谁作为交往对象，并与其保持良好的人际关系，往往要经过自觉的选择过程。只有那些在我们的价值观念上具有重要意义的人，我们才会选作交往和建立人际关系的对象。

一个美丽动人的女孩子或英俊潇洒的男孩，就足以引起我们对他们的高度注意。不过，我们是否会选择一个漂亮女孩或英俊男孩来做交往的对象，并试图建立深厚的情谊或建立恋人关系，还要取决于许多因素。美丽的外表后面如果隐藏着极端自私、嫉妒，甚至作风轻浮的内在，理智会让我们进行深层思考并决定退避三舍。

初步沟通是在选定一定的交往对象后，试图与这一对象建立某种联系的实际行动。真正的交往和关系是由此开始的。在初步沟通的过程中，谈话只会涉及个人最表层的方面。目的也是对别人进行最初步的了解，以便使自己知道是否可以与对方有更进一步的交往，使彼此之间的关系发展有明确的定向。

情感融合的基础，是双方的共同信任。

◎ 情感探索阶段

双方探索彼此在哪些方面可以建立信任和真实的情感联系，而不是仅仅停留在一般的正式交往模式上。随着双方共同情感领域的发现，沟通也会越来越广泛，自我表露的深度与广度也会逐渐增加。

在这一阶段，人们的话题仍避免触及别人私密性的领域，自我表露也不涉及个人深层的方面。尽管，双方关系到这一阶段已开始有一定程度的情感卷入，但交往模式仍与定向阶段相类似，具有很大的正式交往特征，彼此仍然注意自己表现的规范性。你可以回想一下，和某个朋友在交往初期，你们彼此小心翼翼地试探性提问，或者谈论一些无关紧要的公共话题。

◎ 感情交流阶段

双方关系的性质开始出现实质性变化。此时，双方在通常生活领域中涉及的人际关系安全感和信任感已经得到确立，因而，沟通和交往的内容也开始广泛涉及自我的许多方面，并有较深的情感卷入。

如果关系在这一阶段破裂，将会给人带来相当大的心理压力。在这一阶段，正式交往模式的压力已经趋于消失，双方交往的行为表现可以超出正式交往的范围，显示出融合的自发交往关系。此时，人们会相互提供更真实的评价性的反馈信息和建议，彼此进行真诚的赞赏和批评。

◎ 稳定发展阶段

人们心理上的相容性会进一步增加，自我表露也更为广泛而深刻。此时，我们已经可以允许对方进入自己高度私密性的个人领域，分享自己的生活空间。但在实际生活中，并不是人人都拥有这样的人际关系。许多人同别人的关系只停留在感情交流阶段。所以，古人云："千金易得，知己难求。"

人际关系是动态变化的。所以，有时候关系破裂也是无法避免的。

人们都希望美好的友谊、美好的爱情、美好的亲人关系能够地久天长。但事实上，一个人在一生中遭遇人际关系破裂的可能性还是挺大的。无论友情曾经多么深厚，还是会有人渐行渐远；无论人们在结婚时感到多么美满和幸福，还是有相当一部分人最终离婚。人际关系的破裂本身是一个过程，而非一个简单的事件。

有学者提出，关系从融洽走向终结，会经历以下五个阶段。

◎ 分歧

人际关系的核心是情感的相互联系、相互卷入、相互拥有。而分歧正是共同情感消失的开端。分歧，意味着人际关系双方的不同点扩大，心理距离增加，彼此的接纳度下降。随之而来的，是双方在知觉和理解上都朝不利于双方关系的方面倾斜，彼此开始感到难以准确地判断对方。

◎ 收敛

当关系开始出现裂痕时，双方总的沟通量会下降。在收敛阶段，关系的发展还没有足以使人们明确表示对彼此的关系不再有兴趣，情感上的拒绝水平也还较低。双方在表面上仍试图维持关系状态良好的印象。但实际上，此时彼此的关系已出现明显的困难，自发沟通减少，实际上降低了双方自然的情感融洽的程度。

◎ 冷漠

当交往的双方开始放弃增进沟通的努力，人际关系将变得冷淡。此时人们不太愿意进行直接的谈话，多以缺乏热情的非词语沟通来互动。目光是冰冷的，也没有热情的期待。这一阶段就是冷漠。一方面，这一阶段有时会僵持很久。毕竟人们还是会期望关系朝好的方向变化，不愿意一下子就明确终止。另一方面，双方可能还存在一些利益纠缠，很难一下子适应突然失去某种关系的支持。

◎ 回避

随着关系进一步恶化，人际交往的双方会尽可能地相互回避，特别是避免只有两个人在一起无所适从的窘境。关系恶化到这一阶段，人们往往感到很难判断对方的情感状态和预测对方的行为反应。因此人们通常避免直接的询问、提出要求等。在知觉和理解上，这一阶段很容易发生纯粹主观的误解。人们都有强烈的自我保护倾向，对许多本来正常的人际行为也会有过敏的反应。

◎ 终止

关系的终止可能是立即完成的，也可能拖延很久。关系终止的方式也是各种各样的。在某些情况下，关系终止有一个明显的标志，即在先前关系恶化的基础上发生一次直接的、激烈的冲突。而在另一些情况下，关系的终止则是前几个阶段关系恶化的自然延续。随着彼此相互交往的隔断，或彼此利益依存关系的解脱，冷漠和逃避的关系状态会转变为关系的最后终结。

从一开始，我们遇到了一个可以交往下去的陌生人，感到高兴和幸运，但是到最后却有可能会面临关系破裂的结局，这导致很多人对交往产生畏惧和忧虑。如果可能会面对一个不想要的结果，那么很多人根本不愿意开始。

但是，开始的美好是必然的，破裂的结局却不是必然的。所以，我们学习更好地交往，就是为了能够更勇敢地开始，更真诚地交往，更少或者避免出现痛苦的破裂。

你是否遇到过关系的破裂呢？是因为什么原因？

如果你已经走出那段关系带给你的低迷，只把美好的回忆留在心间，就别再去想原因了。如果你还没有走出来，想要一个树洞（下面的横线也可以看作树洞），或者想写信给我们，都是可以的。

人际交往的原则

虽然你可能没有认真总结过，但一定也都下意识地会遵从某些原则来进行交往。

你的原则里也许有跟别人一模一样的，也许有非常个性化的。

那么，接下来我们要分享的，就是那些共性的原则。而你的个性化的部分，可以私下告诉我们哟！

◎ 真诚原则

有学者对各种不同类型的对象做过调查，试图了解人际交往过程中最受欢迎的个性品质是什么。

你觉得呢？要不你先写几个？

1. ……………………………………

2. ……………………………………

3. ……………………………………

4. ……………………………………

5. ……………………………………

6. ……………………………………

不同类型的人们，在回答“人际交往中，你最喜欢什么样特征的人？最期望别人采取什么样的交往方式同自己交往？自己会采取什么样的交往方式与别人交往？”等几个问题时，答案会高度汇聚于一个词：真诚。

心理学家安德森的研究结果显示，在最受人们欢迎的个性品质中，排在序列最前面、受喜爱程度最高的六个个性品质，包括真诚、诚实、理解、忠诚、真实、可信。而排在序列最后、受喜爱水平最低或被拒绝水平最高的几个品质，包括虚伪、说谎、装假、不诚实、不真实等。因此，毫无疑问，人际交往最基本的原则就是真诚。

为什么人们如此期待真诚，而对于不真诚，又表现出高度拒绝呢？

人作为社会性动物，需要自己在物理环境和社会环境中都处于一个安全的境地。真诚，使人们对于与自己交往的人，会出现怎样的互动行为，有明确的预见性，更容易建立起安全感和信任感。不真诚或欺骗，则很可能和伤害关联。表现出的关爱体贴如果并不发自真诚，那么之后的伤害就是潜伏的炸弹。

如果互动最初感受到对方不真诚，很多人就不会继续交往，但过程中的不真诚感受，有可能会带来一些纠结。那么，我们还是建议，如果确定其不真诚，并且已经产生伤害，也不要害怕关系破裂，此时的破裂可能是一种对自我必要的保护。

◎ 交互原则

社会心理学家通过实验研究发现，人际关系的基础是人与人之间的相互重视和相互支持，人际交往中喜欢与厌恶、接近与疏远是相互的。研究表明，喜欢我们的人，我们也倾向于喜欢他们；而对于疏远我们、厌恶我们的人，我们的反应也是相应的。

我们常常发现，如果礼貌地、适当地向他人求助，也极有可能会促进人际交往，产生新的人际关系。这是因为在日常生活中，人们需要保持自己与别人的交互。如果他人对我们做出友好行动，表示接纳和尊重或支持，我们内心友好应答的心理反应会被激发，并引导我们用同样的行为方式做出回答。反之亦然。

在实际的人际交往行为和人际关系的建立与维持中，人们遵循交互原则。这也意味着，我们要学会接纳、喜爱他人，保持在人际关系上的主动性。但并不是刻意奉承或假装喜欢别人，当我们知道自己某个地方根本不值一夸，别人却大肆夸奖时，我们会怀疑恭维的动机，也会觉得对方不够真诚。

◎ 自我价值保护原则

社会心理学研究证明，任何一个人，其心理活动的各个方面，从知觉信息的选择到内部信息的加工，从对行为的解释到人际交往，都有明显的自我价值保护倾向。

在人际交往中，人们的自我价值保护倾向表现在很多方面。比如，当别人不同意我们的观点时，我们的第一反应通常是为自己辩护。有时虽然表现得不明显，但也会在心里寻找维护自己的证据；再如，当别人夸奖我们时，我们会感到高兴。很多人都喜欢跟别人分享自己经历过的、能证明自己优秀品质的事情，甚至还有人喜欢在别人面前夸耀自己，等等。这都是人们保护和提高自我价值的行为表现。所以在与他人互动时，也要注意保护对方的自我价值。结合交互原则，我们就会知道，互相保护会使得人际交往变得更加温暖和谐。

◎ 情境控制原则

交往很难脱离情境而存在。

有些情境让人们感到恐惧或者无聊，会驱动人们去开展交往，摆脱内心的情绪；但如果情境带来的是焦虑和烦躁，也有可能会让人们想要暂时远离交往。人们都需要在交往中不断体验对所处情境的自我控制，这就是情境控制原则。

很多同学刚到新的校园时，面对新的环境、新的人群，会处于无法真正放松的状态。但是，如果渐渐感到有人从内心接纳了自己，新的环境似乎就变得安全和有归属感。

除此之外，我国学者通过长期的观察研究发现，任何一种关系，无论在社会意义上多么紧密，只要关联的双方对情境的控制是不均衡的，一方受到另一方的限制，那么这种关系就必定不能深入，缺乏深刻的情感联系。即使是亲子关系、夫妻关系也不例外。

所以，只有真正平等的互动，才是良好的人际交往。

真诚的、交互的、能让自己和他人感受到自我价值被保护的、体验到对情境有一定控制的人际交往，是我们喜欢的，也是我们可以拥有的，需要努力才能做到。

我们没有罗列所有的交往原则，因为我们没办法罗列出所有的交往原则。如果你觉得有些原则也特别具有共性，而我们却没有写到，能不能随手补充进来呢？

第二篇

礼仪——交往的起点

如果，你走在校园里，远远看到了一张熟悉的脸，虽然一时间想不出姓名，但你确定那是见过多次的脸，接下来，你会怎么做?

是为了避免叫不出姓名的尴尬，而低下头假装没看见，或者匆匆转弯，避免打照面；还是不管姓名问题，让笑容跃上脸颊，挥动你的手臂，向对方打招呼。

你会怎样做，我不知道。但你可以设想一下，也许对方也想不起来你的姓名了，但是他也发现你们之前是见过的，你希望他做些什么呢?

对我来说，我会希望对方能开心地跟我打招呼，不管他是否还记得我的姓名。只要将我们遇到他人的欣喜，用打招呼的方式表达出来，就是礼仪的外显，也是推动交往的起点。

举手投足之间，我们就能感受到一个人的礼仪涵养。在从陌生到初识的阶段，礼仪可以带来欣赏，可以拉近距离却又不失界限感，“彬彬有礼”“知书达礼”都是古往今来对青年最好的赞誉。

所以，当我们要谈论交往，首先就要站在礼仪的开端，了解礼仪的知识，再落实到日常的行动，去感受文明守礼之下人与人之间自然而然的相处和亲近，去结交志同道合的朋友，去展现我们作为礼仪之邦的现代青年应有的风采。

礼仪概述

我们接下来将从礼仪的含义、特征、作用和提高礼仪修养的途径来概述礼仪。

中国作为一个具有悠久文化的文明古国，素有“礼仪之邦”的美称。“礼仪”一词，很早就被作为中国的典章制度和道德教化用词。

在古汉语中，“礼”主要包含三层意思：

其一，与等级制度相适应的一整套礼节仪式。

其二，表示尊敬和礼貌。

其三，礼物，即赠送的物品。

而“仪”既指容貌和外表，又指礼节和仪式。

据说，在古代欧洲法庭，“礼仪”的原意是“法庭上的通行证”。说的是法庭会发给每一个进入法庭的人一张长方形的纸，纸上列出的是其入庭之后必须遵守的规矩和行为准则。之后，这张纸慢慢演化为“人际交往的通行证”。在社会交往中，人们必须遵守一定的规矩和准则，才能体现人之所以为人的特有风范，才能保证文明社会得以正常维系和发展。

礼仪是一种行为准则或规范。所谓“入乡随俗，入境问禁”，你要进入某一地区，要对那里的习俗规范有所了解，并据此行动，这才是有礼的。

礼仪准则或规范也是一定社会的人们约定俗成、共同认可的。在社会实践中，礼仪往往首先表现为一些不成文的规矩和习惯，然后才逐渐上升为大家认可，可以用语言、文字、动作来作为准确描述和规定的行为准则，并成为人们有章可循、可以自觉学习和遵守的行为规范。讲究礼仪的目的是实现社会交往各方的互相尊重，从而达到人与人之间关系的和谐。

现代社会，礼仪可以有效地展现施礼者的教养、风度与魅力，它体现着一个人对他人和社会的认知水平以及尊重程度，是一个人的学识、修养和价值的外在表现。一个人只有在尊重他人的前提下，自己才会被他人尊重，人与人之间的和谐关系，也只有在这种互相尊重的过程中，才会逐步建立起来。

现代社交礼仪，泛指人们在社会交往活动过程中形成的、应共同遵守的行为规范和准则。具体表现为礼节、礼貌、仪式、仪表等。

礼节，指人们在社会交际过程中表示致意、问候、祝愿等惯用形式。

礼貌，指人们在相互交往过程中表示敬重、友好的行为规范。

仪式，泛指在一定场合举行的具有专门程序、规范化的活动。

仪表，指人的外表，包括容貌、服饰、姿态、举止等方面。

你知道，礼仪有怎样的特征吗？

首先，是普遍性。古今中外，从个人到国家，礼仪无时不在、无处不

在。比如，最简单的“你好”“再见”，几乎已经是全世界通用的问候和告别语。

其次，是继承性。礼仪文化的发展是一个剔除糟粕、继承精华的过程。那些反映劳动人民的精神风貌、代表劳动人民道德水平的、健康高尚的礼仪，会得到广泛的继承和发扬。

再次，是差异性。不同的文化背景、不同的地域，有不同的具体礼仪形式和内容。比如，见面问候致意，有脱帽点头，有拥抱亲吻，有双手合十，有手覆胸前，还有握手致意。

礼仪在不同身份地位的对象上也会有差异性。晚辈见到长辈可能要恭敬地鞠躬甚至磕头，长辈则只需俯身或点头致意。

最后，是时代性。礼仪具有浓厚的时代特色。时代在不断地进步，礼仪也在不断地发展，许多传统的礼仪也都被赋予了新时代的内容。时代性也与继承性、差异性有交叠。

那么，社交礼仪的作用又是怎样的呢？

第一，塑造形象。一个人彬彬有礼、懂得尊重他人，待人接物得体，这就是很好的个人形象。

第二，沟通信息。礼仪行为是一种信息性很强的行为，言语礼仪、行为表情礼仪和饰物礼仪，都具有很强的信息性。

第三，联络感情。在人们刚刚相遇的场合，我们用礼仪来表达亲和，通过礼节、礼貌行为来联络双方的感情，增进彼此之间的情谊。

这样看起来，提高礼仪修养就似乎很有必要了吧。

那么提高礼仪修养的途径有哪些呢？

第一，通过书籍、网络等途径，广泛地阅读与礼仪相关的书籍、观看教学视频等，不断提高自己的科学文化知识储备。一般来说，讲文明、懂礼貌、有教养的人大多是科学文化知识丰富的人。这种人逻辑思维能力强，考虑问题周密，分析事物较为透彻，处理事件较为得当，在人际交往时能显示出独有的魅力而不显得呆板。我国素有“礼仪之邦”之称，古代、近代、现代的典籍载有浩繁的有关礼仪的知识。世界各国的礼仪风俗千差万别，青年学生有必要注意搜集、整理、学习和领会，以利于在实践中运用，久而久之，能使自己的礼仪修养提到新的高度。

第二，积极参加社会实践活动，逐步提高礼仪修养。仅仅从理论上弄清礼仪的含义和内容，而不在实践中运用是远远不够的，礼仪修养关键在于实践，离开实践，修养就成为无源之水，无本之木。在培养礼仪修养时，要以主动积极的态度，坚持理论联系实际，将自己学到的礼貌、礼节知识积极地应用于社会生活实践的各个方面，在学校、家庭、社会等场合中，时时处处自觉地从大处着眼，小处着手，以礼仪的准则来规范自己的言谈举止，塑造新时代青年学生的文明形象。

第三，应保持自省。古人强调“吾日三省吾身”，说明提高个人修养必须注意反躬自省，看到优点激励自己，发现不足完善自己，不断总结，逐步提高。

礼仪的内容非常丰富，而它往往对我们的人际交往积极展开起到重要的影响，我们在本章只能取一瓢饮，简要地介绍一些礼仪的基本内容。希望能够引起你对礼仪的兴趣和关注，从而推动你不断提高自身的礼仪修养。

个人礼仪

你在什么时候会认真准备穿着，考虑修饰自己的发型甚至妆容？

你最满意自己个人形象的一次体验又是怎样的呢？

良好的个人形象可以增强人的自信，对一个人的求职、工作、生活、社交都起着促进作用。可以说，塑造良好的个人形象是现代礼仪中首要的环节。但对于自己的穿着、发型、妆容、个人形象的满意与否，有很多个性化、差别化的观点。那我们只是从非常通用的角度说说仪容礼仪，服饰礼仪和仪态礼仪。

◎ 仪容礼仪

仪容主要是由头发、面容以及人体未被服饰遮掩的肌肤等构成。在人际交往中，每个人的仪容都会引起交往对象的关注，也会影响对方对自己的整体印象。

仪容美说的不仅是先天容貌姣好，毕竟也不是每个人都天生丽质。通过扬长避短，对仪容进行必要的修饰，通过学习不断提高自己的素养、培养高雅的气质，也能强化仪容美。而且保持仪容礼仪其实并不是一件很困难的事。

首先，要注意头发的清洁。不论有没有人际交往活动，都要保持头发的清洁。如果一个人蓬头垢面、满头发屑，甚至发出异味，自然是谈不上仪容美的。不过，如果一个人刚刚帮助了别人、进行了生产劳动，不小心把头发弄脏弄乱，这时倒不能用仪容礼仪来苛责。更多时候，是在日常学习生活里有条件保持头发清洁，却忽视，甚至无所谓，这就可能是缺乏仪容礼仪的意识。

除了头发的清洁，发型对一个人的仪容乃至整体形象的影响可能更大。得体的发型甚至能增强个人的自信，让人感觉容光焕发，凸显出个人的魅力。发型会因为性别、职业、身份、场合、年龄和脸型而不同，甚至还会因为时代变化，而出现不同的潮流影响。

20 世纪 80 年代，如果看到把头发烫卷的陌生男性，我们可能会认为他是从事艺术或者表演工作的人，属于人群中的小众。但如果身边的男同学突然烫了卷发，就会感觉非常怪异。而现在，不少年轻的男生会烫卷发，我们也不会觉得奇怪。这也是因为时代的变化，人们对于发型礼仪的理解也变化了。

不过，在正式的商务和政务场合中，男士发型还是要求相对保守、庄重、传统和规范。具体来说，就是“前发不覆额，侧发不遮耳，后发不及领”，而女士的头发则尽量不要自由地披散，不要弄怪异的发型和特别的颜色。

面容是我们呈现给他人最多的地方了。保持仪容礼仪，就是在有条件的情况下，做好皮肤清洁，尽量不要油光满面，也不要过于干燥缺水而导致满脸皮屑，达到一个“干净清爽”的效果即可。

再者，现代社会很多人会着一点淡妆，均匀肤色，修饰五官，加强面部的立体效果，展现个人的神采。在一些正式的社交场合中，化妆也可表现对他人的尊重。对于青年学生来说，不必在化妆上花费太多时间。化妆要自然协调，大方悦目，不过度浓妆艳抹。

手在我们待人接物时，也是仪容仪表的重要组成部分。和头发一样，保证手的清洁与卫生也是最基本的。不要留过长的指甲，除非有特殊的工作需要，也不要把指甲剪得太短，这样其实对健康也有影响。有些女性，适当地涂抹指甲油，让指甲更显光泽，也是一种得体的修饰。

◎ 服饰礼仪

除此之外，服饰与着装也体现着社会文化，体现着一个人的审美。在服饰礼仪中有一个 TPO 原则可以供大家参考。T 就是 Time（时间），P 就是 Place（地点），O 就是 Occasion（场合），该原则的主旨就是以和谐为美。着装要与时间、季节相吻合，符合时令；要与所处场合环境，与不同国家、区域、民族的不同习俗相吻合；符合着装人的身份；要根据不同的交往目的、交往对象选择服饰，给人留下良好的印象。不过，着装也不是只有一个刻板的规则。比如说，如果要在正式的场合做汇报或演讲，那么衬衫、西装是可以的，但校服也许也是可以的，甚至我们中国的传统服饰也是很适合的。所以，除了时间、地点、场合，交往活动的主题也会影响着装，契合交往活动主题的着装也是服饰礼仪的表现。

◎ 仪态礼仪

仪容礼仪展现的大多还是静态的画面，但我们时常在动，所以，仪态礼仪也是非常重要的。仪态也叫仪姿、姿态，泛指人们身体所呈现出的各种姿态，包括举止动作、体态变化等。不同的仪态显示人们不同的精神状态和文化教养，传递不同的信息，因此仪态又被称为体态语。仪态主要有站姿、坐姿、走姿、蹲姿及手势。

站姿能反映出一个人的精神状态。我们常说“站如松”，就是要求一个人的站姿，无论男女，都要有挺拔的感觉，精神气十足。

坐姿是人们工作和休息时常有的姿势。我们说“坐如钟”，也就是表现沉着、稳重、端庄、文雅的意思。

走姿是人在行走时的姿态，是站姿在动态环境下的延续。“行如风”，就是走出风度，走出优雅，展现一个人的活力与魅力。

蹲姿在日常生活里比较容易被忽略，比如，我们蹲下捡东西，整理鞋带。这时主要是注意自然得体大方，避免走光即可。

手势作为肢体语言的一种，也是仪态的重要组成部分。做“请”的手势时，要在标准站姿的基础上，将手从体侧提至小腹前，然后单手滑向所指示的方向。举起的手应五指并拢，掌心向上，高度与腰齐平，指尖指向所指的方向，大臂与身体的夹角在 30 度左右，大臂与小臂之间的夹角在 90 度与 120 度之间。同时，应用亲切、柔和的目光和对方交流，并说些“请”“您请”“您这边请”等话语。

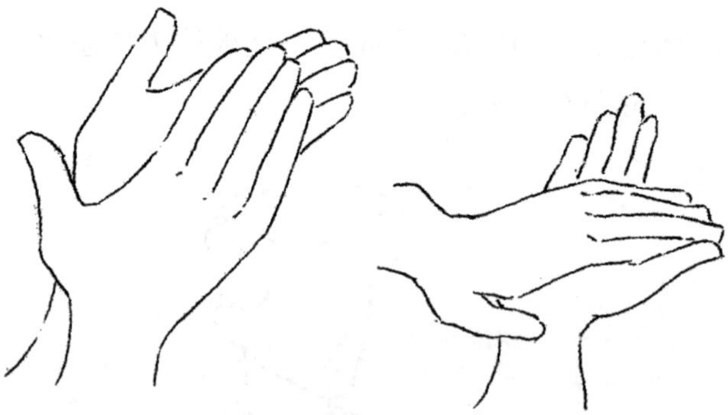

在用手示物时，个体先位于物体的一侧，右手手臂自然伸出，五指并拢，掌心向上，手掌和水平面成 45 度角，指尖朝向所要指引的方向。以肘部为轴伸出手臂，手的高度根据物品来确定，使小臂、手掌和物品呈一条直线。注意不要食指或中指单独指点物品。

鼓掌礼一般表示欢迎、祝贺、赞同、致谢等。鼓掌时，一般将左手抬至胸前，掌心向上，四指并拢，虎口张开，用右手去拍打左手发出声响。鼓掌程度要根据实际情况区别运用：一种声音也较轻，主要是礼貌性的表示；另一种比较激动，动作比较大，声音也很响亮；还有一种比较狂热，表现出心情难以抑制。鼓掌要注意时机，如果他人上台发言，鼓掌可以予以鼓励，发言结束时鼓掌能给人认可和支持感。一般不配有语言。如果戴手套，最好能取下。

在个人礼仪中，表情也是极为重要的。但它同时也是非语言沟通里重要的内容，我们将在之后的章节里继续为大家介绍。如果你有关于礼仪的思考和值得分享的经历，请一定要告诉我们哟！

沟通礼仪

接下来要介绍的是沟通礼仪中的称呼礼仪、介绍礼仪、电话与书信礼仪和握手礼仪。

◎ 称呼礼仪

称呼，也叫称谓，是人们当面打招呼时用的表示彼此关系的名称。人际交往，礼貌当先；与人交流，称呼当先。恰当地使用称谓，是社交活动中的基本礼貌。称谓要表现尊敬、亲切和文雅，使双方心灵沟通，感情融洽，缩短彼此的距离。

称呼礼仪的基本原则有四。

第一，符合常规。比如，对年长的女性称阿姨，年老的女性称奶奶，采用人们平日约定俗成的较为规范的称呼，可以让对方感受到你表达尊重的心意。

第二，区分具体场合。在不同的场合，采用的称呼也会有所不同。比如，两个人是好朋友，但在某项工作中也是上下级关系，那么平时直呼其名没有问题，但是到了正式场合，尤其还有别人在场的时候，其他人称呼是采用职务原则，那么也应该和他人保持一致。不能因为平时私人关系很好，在正式场合也非常随意。

第三，入乡随俗。要了解并尊重地方风俗习惯。有些称呼在不同的地方、不同的地区叫法不一样。到异地去旅行或者生活，可以先了解一下当地的习惯再称呼，以免引起对方不解或发生误会。比如“婆婆”这个称呼，一般指的是丈夫的母亲，但是在江苏、四川、湖北等地方，婆婆指的是父亲的妈妈（即奶奶），而在江西北部地区，称爸爸的奶奶（即曾祖母）为“婆婆”。如果不注意地方风俗，可能会闹笑话，也可能会引起不必要的误解。

第四，称呼要尊重个人习惯。遇到不同于自己的称呼方法时，不要强求他人按照自己的方式来称呼，可以尊重他人的称呼习惯。但如果对方的称呼中存在特别明显的错误，可以根据现场情况适当提醒或纠正。

◎ 日常与工作中的称呼区别

日常生活中，称呼应当亲切、自然、准确、合理。

第一，对亲属的称呼。对亲属的称呼首先要符合常规，一般应按照约定俗成的规则来称呼。比如，祖父母，外祖父母，伯伯、伯母，姑姑、姑父，姨妈、姨父，舅舅、舅妈等。在使用普通话的情况下差异不大，根据地区的称呼习惯，可能会有所区别。

有时候为了表示亲切，也可能会不拘泥于称呼的标准。如果向他人介绍自己的亲属，可以使用谦称。比如介绍父母给他人，可以说“家父”“家母”，介绍弟弟、妹妹给他人，可以是“舍弟”“舍妹”。

第二，对朋友和熟人的称呼。对朋友、熟人的称呼，既要亲切、友好，又要不失敬意。一般可通称为“你”或“您”。对长辈，可称“您”；对晚辈或平辈，可称“你”。平辈的熟人、朋友，彼此之间均可以姓名相称。长辈对晚辈也可以直呼其名，但是晚辈对长辈尽量不要直呼其名。

为了表示尊敬亲切，也可以在被称呼者的姓前根据年龄的大小加上“老”“大”或“小”字，如“老张”“大李”“小赵”等。对同性的朋友、熟人，也可以直接称呼名字。比如称“李焕英”为“焕英”，称“张小美”为“小美”。对邻居、宿管等对象，可采用“爷爷”“奶奶”“大娘”“大爷”“叔叔”“阿姨”等类似血缘关系的称呼，能让人感到亲切，如果知道姓名，则可以在称呼前加上姓氏，如“张爷爷”“李奶奶”“王阿姨”“赵叔叔”等。

在工作岗位中，人们彼此之间的称呼是有其特殊性的，应当要庄重、正式、规范。

第一，职务性称呼。以交往对象的职务相称，以示身份有别、敬意有加，这是常用的称呼方法。具体来讲，有三种情况：仅称职务、姓氏＋职务、姓名＋职务。第一种，仅称职务，如“校长”“院长”“书记”等。第二种，姓氏＋职务，如“包校长”“卢院长”“张书记”等。第三种，姓名＋职务，这种方法用于非常正式的场合，如“焦裕禄书记”“张桂梅校长”。

第二，职称性称呼。对于具有专业技术职称者，尤其是具有高级职称者，在工作中可以直接以其职称相称。职称性称呼也有三种情况：只称职称、姓氏＋职称、姓名＋职称。第一种，仅称职称，如“教授”“工程师”“研究员”等。第二种，姓氏＋职称，如“王教授”“李总工程师”“马研究员”等，这种称呼也可以使用约定俗成的简化版，如“李总工程师”可简称为“李工”。但要注意，简化不能过于随意，防止产生歧义和误解。第三种，姓名＋职称，这种方法用于非常正式的场合，如“郭永怀教授”“南仁东总工程师”。

第三，行业性称呼。在工作中，有时可按行业进行称呼。对于从事某些行业的人，可直接称呼对方的职业，如“老师”“医生”“律师”等。也可以用姓氏＋职业，如“宋老师”“张医生”“尹律师”等；或者用姓名＋职业，如“李晨医生”“张扬记者”等。

在工作岗位中，也可以称呼姓名，但仅限于比较熟悉的同事之间。

称呼的禁忌：称呼的使用是否规范，是否表现出尊重，是否符合彼此的身份和社会习惯，是一个十分重要的问题。在与他人交往时，请注意不要使用错误的、失敬的称呼，对他人是一种冒犯，也不利于以后的交往。比如，缺少称呼，对他人直接用“喂”“嘿”“那个谁”，这样是极其不礼貌的。还有念错别人的姓名，如果是一时口误立刻改过来也可以，但如果是遇到不认识的字，那么要提前准备好，或者虚心请教他人。再者，有些称呼在不同地方的内涵完全不同，也要特别注意，尽量使用通用的称呼，而不是一上来就采用一些具有地方性特点的称呼。还有就是关系不太密切的人，不要自作主张给对方起外号，或者用道听途说的外号去称呼别人，不能随便用别人的姓名开玩笑。

◎ 介绍礼仪

介绍，是人们在人际交往场合中互相认识的基本方式，是素不相识的人之间认识和沟通的桥梁，主要分为自我介绍和他人介绍。

自我介绍，顾名思义，就是自己向别人来介绍自己，让别人认识自己。正确合理地运用自我介绍，不仅可以交到更多的朋友，而且有助于自我展示、自我宣传。

在交往活动中，当希望能结识某个人或某些人而无人引荐时，可以向对方自报家门，进行简单的自我介绍。但如果有介绍人在场，无视介绍人，唐突地自我介绍则显得不太礼貌。一般是想要主动结识他人的一方进行自我介绍。

自我介绍的时机有应聘求职、应试求学、在社交聚会时想要认识陌生人，或者他人表示希望获得你的个人基本信息，之前接触过一两次的对象因为忘了你的信息请你再介绍一下，以及在公共场合向社会公众宣传和推荐自己的时候。

自我介绍可以非常简洁，如“你好，我是某某某”，适用于一般性的社交场合；也可以是“你好，我叫某某某，是某大学的老师”，这大多适用于工作或会议场合；在一些讲座、报告、演出、庆典、仪式等正规而隆重的场合，除了自我介绍个人的姓名和单位，还可以添加适当的谦辞，如“我代表本单位欢迎大家参加我们的展览会……”。当然，如果是在应试、应聘等现场，可能需要考官发出提问后，再进行自我介绍，并且信息可能要相对完整和丰富，使得考官更好地了解你的特点和能力。

自我介绍要抓住时机，不要滔滔不绝，要用眼神交流来把握对方对信息的接纳，还可以通过交换名片或者递上简历加以辅助。态度要自然、友善、亲切，应彬彬有礼、落落大方。语速适中，语音清晰。自我介绍不可自吹自擂、夸大其词，真实可信是非常重要的。

他人介绍，是经由第三方为彼此不相识的双方引荐介绍的一种方式。他人介绍时，介绍人需要了解双方的情况，且衡量是否要相互引荐。一般来说是把男性介绍给女性，把晚辈介绍给长辈，把客人介绍给主人或者其他不相识的客人，把个人介绍给团体，把晚到者介绍给早到者。需要注意的是，在工作场合，一般是先介绍职务低的一方，然后再介绍职务高的一方。两人职务相当时，遵从女士优先的惯例。他人介绍也是根据情境和需求来呈现不同的个人信息的。

沟通礼仪显然不只有我们提到的内容，你还知道哪些？可以在下面写出来哟。如果你已经掌握了一定的沟通礼仪，相信在人际沟通过程中，你一定已经有了很多收获，也可以发邮件告诉我哟！

校园礼仪

本书既然是为青年学生所写，那么校园礼仪就不得不说了。

校园礼仪的发生环境自然是校园。校内场所主要包括寝室、教室、图书馆、食堂、运动场所、报告厅。

◎ 寝室

寝室是青年学生共同生活的地方。每个青年学生有接近二分之一的时间花在寝室里。当然，有些同学可能仅仅在寝室睡个觉，但更多的人会在寝室交谈、玩耍、写作业等。寝室是青年学生在校园里“共同的家”，也是反映青年学生精神文明和礼仪修养的一扇窗口。寝室中的校园礼仪包括以下几点：

第一，注意公共卫生和公共安全。保持寝室内外整洁，经常打扫自己的区域，和同寝室同学定期开展整个寝室的清洁劳动，包括地面、桌椅、橱柜和门窗等。被褥要叠得整齐美观，而不是随意掀开走人，床上用品要保持干净、整洁。外放的衣服、水杯、热水瓶等，应统一整齐地放置。换下的脏衣服、脏鞋袜等必须及时洗干净，以免时间长了影响寝室里的空气质量。重要的书、衣服、用品等，要放在自己的橱柜内。不能为了贪图便利，违规使用各种禁止电器。

第二，在寝室楼里串门，应得到他人寝室同学的允许。进入他人寝室时，应主动打招呼，尤其是对不太熟悉的同学，不能乱翻乱用他人物品，最好只坐在邀请你去的同学的座位或床铺上。如果发现有人在学习或休息，则要放低交谈声音或邀请朋友共同离开，避免影响他人学习和休息。如果要接待亲友或外人来到自己的寝室，应先告知同寝室同学，亲友前来，应主动向同学介绍，不要随便留人住宿，更不要留不明底细的人住宿。

第三，互相关心，尊重他人隐私。寝室同学之间在生活上要互相关心、互相帮助，因为寝室环境对于很多大学生来说，是和他人距离最近的环境。如果遇到室友身体不舒服、生病了，要主动关心照顾。如果室友遇到生活中或学习上的困难和问题，也可以主动提供支持，或者做一个好的倾听者。不过，温暖有效的关心是指恰好符合他人需求的关心，如果过分关心别人的私事，恐有侵犯他人隐私的嫌疑。在寝室里有时大家会聊一些自己比较私隐的事，不要轻易传播。但如果发现有人所述内容有明显危害自己和他人的风险，也要及时告知学校管理部门，以防出现危机事件。

◎ 教室

教室，是学生学习的地方，除了上课外，很多同学也会在教室里自习。一般来说，这是一个严肃且需要遵守纪律、保持安静的场所。而且这是一个开放的环境，所以，仪容整洁、仪态得体的重要性就不用多说了吧！

在听课过程中，不要吃东西、听音乐。现在很多同学，几乎无时无刻不戴着耳机，手机 24 小时在线，人和虚拟世界始终联结，尤其是上网课时，有不少同学会一边在电脑上听网课，一边吃东西，一边播放着喜欢的背景音乐，这也是缺乏校园礼仪意识的表现，这样的习惯切记不要带到线下的教室里。

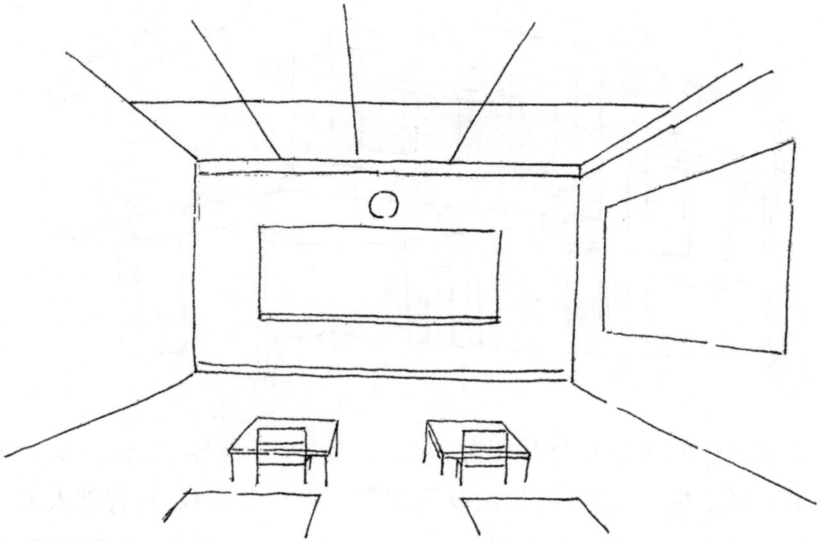

教室是公共空间，不在课桌椅上乱写乱画，不把果皮纸屑丢到地面，是社会公德的底线。无论是听课时间，还是自习时间，都不要发出很大的声音，如果需要交谈或者接听电话，要尽快离开，到教室外进行。

◎ 图书馆

对于青年学生来说，图书馆是在校查阅资料、借阅图书、进行自主学习的地方。图书馆里的很多礼仪和教室里的很相近，但还有一种比较特殊的与礼仪相悖的现象，就是非理性占座。

我们常常会听说某某大学图书馆，在期末考试或者学生准备考研期间，需要排长队进入，还有很多奇奇怪怪的占座方式。如果你和同学一起到了图书馆，他临时要去办理事务，很快就回来，并确定会在图书馆学习很久，你可以为他在靠近你的地方留一个座位，但当你的朋友很久都不回来，而已经有人在图书馆找不到座位时，应让出该座位。

如果在图书馆遇到同学或熟人，可以点头微笑致意，挥手亦可，避免发出声响，影响他人的阅读和学习。通信工具也要调至振动或静音。

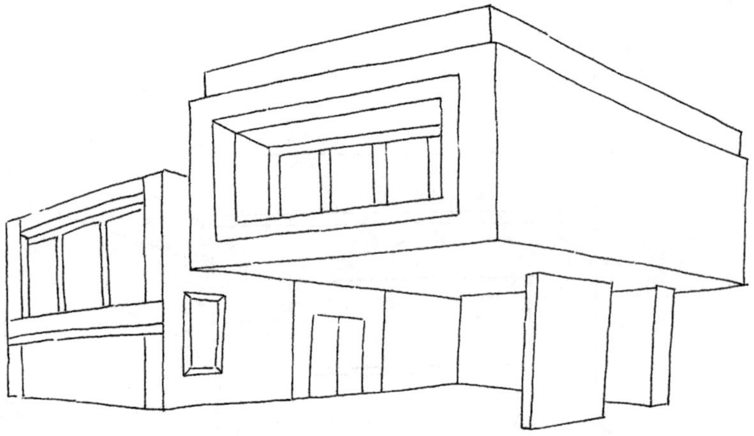

图书馆里的书籍是公共资源，要加以爱护，不能据为己有，如果不小心在书上做了标注，最好的做法是重新买一本新书，而后与管理人员协商是否可以替换。图书馆借阅图书一般都是有时间限制的，务必按期归还，避免影响他人使用。

◎ 食堂

食堂，是师生们集中吃饭的地方。在食堂要遵守秩序，自觉排队。进入食堂时，不要冲、抢、跑。购买饭菜时，应自觉排队，不要插队，要互相谦让。就餐时人多拥挤，若不慎发生了摩擦及小纠纷，要多宽容体谅，主动说“抱歉”“不好意思”等。

如果餐厅中的座位有限，不要抢占座位；就餐人多时，应抓紧时间吃饭，离开座位以便他人就餐。

就餐时，应尽量保持安静，不要喧哗打闹。吃东西时，闭嘴咀嚼，小口吞咽，尽量不发出声响，更不要往地上吐东西。嘴里有东西时最好不要和别人讲话，也不要当众吐痰、剔牙。要注意保持就餐环境卫生，不可在餐厅乱扔杂物。

就餐后及时将餐具等放到指定位置，保持食堂的环境卫生。要注意节约粮食、节约用水。尊重食堂工作人员，不要当着食堂工作人员的面抱怨饭菜不好，更不要恶语相向。如有什么问题，切不可争吵或辱骂，应通过后勤管理部门或其他途径解决。

◎ 校园运动场所

校园运动场所，一般是上体育课和进行休闲运动的地方。如果场地有限，应协商争取，如不能，可等待下一次，切不可因为争抢场地发生冲突。同时，运动时如果声音过大，影响到周边寝室同学休息，则应调整音量或者考虑更换运动时间。在运动场所遇到陌生的同学想要加入集体运动，应友好接纳，营造团结友爱的校园氛围。若运动场所中发生不慎受伤的事件，应及时停止运动，积极保护受伤同学，联系并协助送往医院。

◎ 报告厅

青年学生经常会去报告厅参加报告会。无论是因为自己感兴趣，还是因为学习安排，参加学术报告会应衣着整洁、仪表大方、准时入场、进出有序，依会议安排落座。具体来说，要注意以下几点：

第一，遵守纪律，做到准时、有序。最好提前几分钟到达会议地点，入场时，不要勾肩搭背、大声谈笑或呼朋唤友。入场后要在指定地点入座。会议结束后，应让贵宾及教师先离开会场，然后按次序退场，切记不要一哄而散。

第二，尊重报告人，适时向报告人表示敬意。当报告人出现在主席台上，全场应迅速安静下来。当报告人做报告时，要端坐静听，不要交头接耳、窃窃私语，不要看杂志、吃零食、打瞌睡。如有特殊原因需要退场，也应悄悄离开，以减少对报告人和其他听众的干扰。

第三，发言要注意礼貌。发言先要举手，得到同意后，方可发言。在别的同学发言时，应认真听，不要做出无所谓或不耐烦的样子，不随便插话，更不能强行打断别人的讲话。假如不同意发言人的观点，可在其结束之后单独沟通和探讨。

校园里的每个角落都是美好的，让我们共同用礼仪，把校园的精神风貌建设得更好吧！还有哪些场所是你觉得也很需要提及的呢？可以写在下面，或者直接拍照贴在下方哟！

求职面试礼仪

很多同学认为只有到了毕业季，要找工作的时候，才会用到求职面试礼仪，其实不然。青年学生在生活中，会遇到很多社团或者社会组织主办的实习活动，都需要通过投递简历、发申请信、面试等，才有可能获得机会。因此，了解求职面试礼仪也是十分必要的。

首先，我们说一下求职信或申请信。这些都是为了让用人单位了解自己、相信自己、录用自己。在个人简历里不能清楚表达的心情、感受或者经历，可以在求职信或者申请信中简练明确地提及，对个人简历起到呼应和补充的作用。

求职信用于向用人单位推荐自己，主要内容包括称呼、问候语、想申请的职位、申请的理由、所具备的能力或相关经历、联系方式、署名、日期等。

求职信的称呼要准确严肃，问候要真诚得体。而后可以直接表明自己想要应聘的职位或工作岗位、个人具备的与岗位相匹配的能力与素质，并以自己的相关经历或成绩佐以证明，也可以补充一些和该岗位比较契合的个人特长、兴趣和性格特点等，让对方留下你能够胜任该岗位的印象。

求职信要简练，一般长度以一页纸为佳，不要翻页，这样可以提高阅读效率，让人一目了然。

自 荐 信

尊敬的贵公司领导：

您好！

感谢您在百忙之中浏览我的自荐信，您的信任就是我的动力！我叫××，是××大学××专业的在读学生，普通的我却有着一颗不甘于平凡的心。

我的性格活泼开朗、自信乐观，敢于迎接一切挑战。我坚信，只要付出努力，成功定会成为必然。人生的梦想总是在青年时代放飞，而大学就是一个放飞梦想的舞台。在几年的学习生涯中，我系统学习了××、××、××等课程，较好地掌握了本学科的专业知识和技能，并希望在本次实习中得到充分的实践和锻炼。

除了学习之外，还有很多我们大学生应该具备的能力需要培养。在校期间，我担任了××，参加了××，还充分利用课余时间参与各类兼职，学会了如何与人共事，积累了一定的工作经验。

平时我喜欢阅读和运动，虽然大学生活中学习和社会实践占了很大部分，但我还是充分利用时间培养自己的兴趣爱好，因为它们使我保持对生活积极乐观的态度。

也许我在所有实习生中并不是最优秀的，但我有信心以自己扎实的专业知识和技能，很好地完成公司交给我的工作。如果我能得到贵公司的青睐，我一定会以不断学习、积极进取的精神竭诚为贵公司服务。

此致

敬礼！

姓　　名：

联系方式：

日　　期：

个人简历是求职者将自己的个人情况介绍给用人单位的一种书面表达方式，既可以是表格的形式，也可以是其他形式。主旨要一目了然，条理清晰。对不同类别信息可以用明确的分割线进行区分。

一般来说，简历首先呈现的是个人信息。姓名、性别、年龄、民族、政治面貌、联系方式、照片、求学经历、毕业院校、所学专业、学位、学习成绩、外语水平、工作经历等信息应尽量完整。照片最好是专门拍摄的证件照，不需要过度修饰，但一定要给人留下清爽大方的印象。

个人简历要在显要位置表明求职意向，就算你对多个岗位都有兴趣，但切忌贪心，填写最想申请的那个岗位就好。

个人简历要主次分明，重点突出。对于自己的经历、获奖作品、证书等资料要有所取舍，不要把它们全都写进去，要选择和所应聘的岗位相关的内容。如果有工作经历或者实习经历，那么最好按照时间顺序描述，要采用事件、过程、数据、图表的方式让简历看起来更直观、清晰明了。至于奖励荣誉类的内容，简单陈列一些重要的就好。

做简历要实事求是，所附材料要真实、客观，不能为了美化自己，弄虚作假，投机取巧。但也不要过分谦逊，要能够有理有据、自信勇敢地展现自己的能力和荣誉。

面试，是通过当面交谈问答对应聘者进行考核的一种方式。面试具有更大的灵活性和综合性，它通过应聘者的应聘资料、回答问题、仪态举止、着装打扮等方面考察一个人的专业能力、业务水平，也可以面对面观察面试者的表达能力、应变能力，以及一个人的内在涵养和综合素质。

在面试前要做好充分的准备，了解招聘单位及应聘岗位的相关信息，做好心理、资料和个人形象的准备。一个单位的组织文化、所在区域、给应聘者的福利待遇及个人发展前景，都是求职的青年学生需要提前了解的内容。但更重要的是了解具体的岗位性质，对应的工作能力要求，岗位的劳动强度和职业的安全性等。

其实，在校园生活里，如果要加入一个校内组织或者做某一个勤工助学的岗位，都可能会遇到面试，这也是对将来大家进入社会前的求职面试能力的训练，所以对于青年学生而言，积极地去经历这样的体验，获得经验和锻炼是非常重要的，也能够在过程中不断提高自己的面试礼仪。

在面试过程中，表达清晰，目光专注，面带笑容，递交资料有条不紊，仪容仪态动作手势都符合礼仪要求，更能为自己的面试加分。

按时到场，最好提前 5～10 分钟到，安静等候，不高谈阔论，不东张西望，按序入场，不慌不抢，敲门得到许可后再进入室内，关门动作轻，保持微笑，主动和面试考官问好，得到许可后再落座。

自我介绍时语音、语速适中，保障室内人均可听见听清。无论是站姿、坐姿还是递交手势都要参考之前我们说过的个人礼仪。在自己等待的过程中，不要有过多的小动作，在考官说话说时，要不时点头回应，回答问题前可以要求思考时间，从容镇定随机应变。

面试结束时，主动提出告辞并感谢对方为你花费时间。

得体的穿着，充分的准备，有效地反应和回答问题，是对招聘方的尊重，也是面试者礼仪素养的表现。

现在还有很多人因为时间或地域的问题，接受网络视频或者电话会议面试。总体表现和现场面试并无太大差别，千万不要因为不和面试考官在同一个现场，就放松了礼仪要求。

面试后的几天内可以表达感谢，通过电话、信件均可。但要简洁明了，主要目的是表达感谢，强调一下自己的求职意愿和胜任力即可。

求职面试对很多青年学生来说是非常重要的事，对人生下一个阶段的发展影响很大。如果在求职面试过程中展现很好的个人礼仪、沟通礼仪，成功的概率就会大大提升。在校园生活里，通过社会实践锻炼自己，提升自己的礼仪素养，那么求职面试时，所展现出来的礼仪就是从容自信、自然得体的。

让我们做有礼之人，让我们以礼待人！

你可以试着写一封你的求职信并做一份求职简历哟！有备无患。如果你做好了，可以拍照贴在下面。

第三篇
人际沟通，是交往的核心

小D是一名大二学生。他平日里算是比较喜欢表达的人，也很积极地参加各种社团活动。在社团这种因为趣缘关系而联结的集体中，人们彼此之间的交互相对更多，沟通相对更多，也更容易产生不一样的情愫。

小D感觉自己对一个女孩有了好感，平日里俩人也交流得不错。在自己的朋友面前，小D不自觉就会流露出自己的情感。大学男生们，自己求爱的本领未必都很高强，但是撺掇别人谈恋爱的情绪总是比较高涨的。于是，朋友们就隔三岔五的询问小D是否有进展，小D也不知道是出于怎样的想法，有一天鬼使神差地在朋友们面前表示自己已经表白成功，两人已经进行恋爱阶段。

这让身边的朋友既羡慕又好奇，大家仿佛觉得自己在这段关系的发展里起到了一点积极的作用，于是有人会更加想要了解这段关系的发展进程。小D出于虚荣心又或者是怕尴尬，不得不硬着头皮，自己演绎起了独角戏。说了一些实际上没有但让人信以为真的情节。更让小D没想到的是，朋友的朋友是女孩的朋友，居然也听到了各种流言蜚语，就在小D积攒了全部的勇气，打算去跟女孩表白前，女孩已经对他之前的言行非常不满。等到他来到女孩的面前，除了道歉，似乎也没有其他可以诉说的内容了。

看起来，这只是一段失败的情感经历。但其中暴露的更多是缺乏有效沟通的漏洞。如果一开始小D能循序渐进地表达自己真实的想法，不管大家怎么撺掇，还是保持本心和阐述实情，很多事情都将会被改写。

所以，无论开展怎样的人际交往，人际沟通的重要性都是不能被忽视的。本章我们也将从沟通概述、沟通的条件和过程、沟通的类型、沟通的相关理论、倾听、表达、自我袒露、非语词沟通来讲一讲人际沟通的点点滴滴。

沟通概述

在日常生活中，我们常常进行人际沟通。不过，当下由于智能手机的普及，很多青年学生更多进入人机沟通的状态，反倒是人际沟通的比重开始下降。不过，相信你还是很清楚，无论是对于我们的心理健康还是主观的幸福体验来说，人际沟通都是非常必要的。

据说，人在清醒时间的大约70%里都在进行各种各样的沟通。无论是与别人交谈还是读书、上课、看视频留言都是在进行沟通，而人际沟通是人与人之间发生相互联系最主要的途径，是人与人之间运用语言或非语言符号系统交换意见、传达思想、表达感情和需要的交流过程。

当然，你也可以评估一下自己的人际沟通在生活中的时间比例。如果很低，那你可以问问自己，是否感觉缺乏人际交互；如果感觉缺乏，就再多想一想，要不要增加一些、怎么去增加？当然，如果你觉得现在的状态也挺好，已经比较能满足自己的需求，那么也可以跟着自己的内心走。

人际沟通的重点是心理的沟通，不仅是相互交流信息和观点，更重要的是融入彼此的情感，使得沟通更具有情感性和人性化特征。人际沟通的最终目的是实现双方心灵的沟通，在观点上取得一致，在情感上促成融洽，对于沟通双方而言，心灵层面上的意义和价值比单纯的信息互通要更高、更重要、更值得关注。

人际沟通的内容具有不可逆性和不可重复性。这主要说的是面对面的即时沟通。面对面、即时的沟通，不能像录音录像、网络留言一样，对不满意的内容和过程进行较为轻易的撤销和剪辑。现实中，面对面的沟通内容如果出现了错误或不当，可以请求谅解，但不能将其影响轻易抹去或消除。让人在不同的环境、不同的心境下完全重复以前的沟通内容几乎不可能实现，毕竟我们也不是机器人。所以，从这个角度来看，人际沟通内容不存在完全意义的重复。

人际沟通以改变彼此的行为为目的。人际沟通的双方处于不断的相互作用中。当沟通双方中任何一方的行为发生改变，即表明沟通产生了效果。但只有双方都对结果表示满意，才算达到了沟通的最佳效果。

那么，你知道人际沟通的意义吗？

首先，**人际沟通为个体身心发展提供必需的信息资源。**

人体是一个系统的有机体，是信息加工和能量转化的主要载体，它时刻与外部环境保持相互作用，接受着外界的各种刺激，并对各种刺激作出适当反应。对现代人来说，具有社会性的沟通过程居于核心地位。通过一定的沟通，个体才能够维持正常的生命活动。

曾经有一个著名的“感觉剥夺”实验。在征求自愿参与者的同意之后，将他们分别置于一个杜绝光线、声音的实验室里，同时身体的各个部位也被包裹起来，尽可能减少触觉经验。

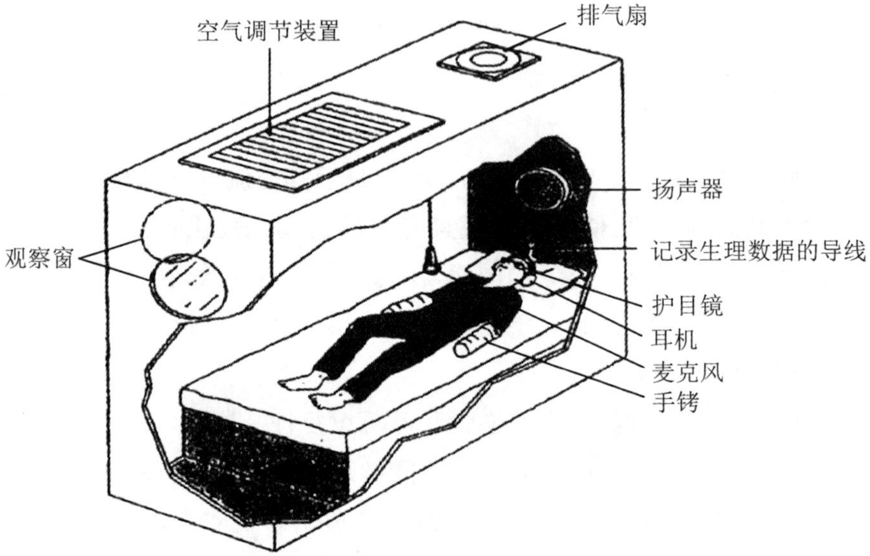

实验过程中，被试除了必要的生理需求满足以外，其他时间不允许其获得任何刺激。结果，仅仅三天后，参与实验的被试就出现身心严重不适感，实验不得不停止。你可以试想一下，如果我们把自己关在屋里，什么也不做，隔绝刺激，那可能不是放松，时间久了身心都会受损。

在个体成长历程中，沟通也起着重要的作用。你听过印度狼孩的故事吗？印度狼孩从出生起一直被母狼抚养，狼孩缺乏和人类的沟通，以至于被发现时，七八岁的她只有六个月婴儿的智商。她被带回人类社会后，虽然得到精心的照料，但智力发展也极为缓慢。

沟通不仅仅对发展中的个体有影响，对社会化相对成熟的老年人来说，同样影响巨大。当下，除了青少年心理健康，退休的老年人的心理健康也得到广泛重视。年轻人可能觉得退休好快乐，羡慕退休的老年人，以为老年人逐步退出家庭的主角地位，退出社会的工作岗位，是安享晚年的状态，但其实很多老年人由于难以适应退休后生活内容的改变，因工作而带来的人际沟通大幅减少，心理上反而容易出现如空虚、寂寞、焦虑、忧伤、抑郁等问题。

你在感到辛苦的时候，是否也期待过“早点退休”呢？退休可不是你想象得那么快乐哟！不过也有研究发现，退休后老年人如果能拥有良好的人际交往，人际沟通的需求能被有效满足，对其更好地适应社会角色变化有着不可忽视的作用。换个角度，恰恰说明，你需要早点知道并且学会如何建立良好的人际关系，拥有人际互动、人际沟通的机会，这样才不至于到了暮年感到孤单、忧伤，甚至抑郁。

但如果你现在就拥有不错的人际关系，可能你也会很享受这般青春时光，你会积极地面对学习和生活中的压力，你可以勇敢地去应对生活里的各种挑战，你大概也不会轻易地想要“退休”，而是更加珍惜青春的、奋斗的时光。

其次，**人际沟通是自我概念形成的途径**。

很多心理学家都有关注过人际沟通和自我概念之间的关系。没有沟通，就没有自我的形成；没有沟通，就没有自我同一性的建立；没有沟通，就没有自我概念和自我价值感的维持。

按照库利的说法，儿童早期以“镜像自我”方式存在的自我概念是在与成人沟通过程中形成的。比如，小时候的你，总是被别人说“头大聪明”，你每次获得一个好成绩，亲朋好友在祝贺时都说你“头大聪明”，那么，你也会很自然地形成这种自我概念“我头大，我聪明”。

米德就更为直接地指出了沟通是自我概念形成的必要条件。他说，没有语言、没有沟通，就没有自我。当然，这个描述比较绝对化。因为也有一些人，他们可能出于先天的原因，不能很好地掌握语言技能，但社会也会协助他们通过文字等形式，来加强和外界的沟通，推动其自我发展。更重要的是，在成长过程中，沟通促使我们不断地发现自己的变化，完善自我概念。

再者，**人们凭借沟通不仅是交换信息，更重要的是建立与维持相互联系。**

沟通是观念、思想、情感的交换过程。任何一个人，无论他多么精力充沛，他的直接经验都是有限的。人要想适应不断变化的外部世界，就需要通过沟通获得他人宝贵的经验成果。人作为独立的个体本身，能力是有限的，但沟通使人无论在思想观念上还是情感上都具有无限可能。

有一个说法曾经很风靡：假如你有一个苹果，我也有一个苹果，彼此交换后，我们每个人都只有一个苹果；假如你有一种思想，我也有一种思想，那么彼此交换后，我们每个人都有两种思想，甚至两种思想发生碰撞，还可以产生出更多的思想。

人们通过欣赏绘画、摄影作品，观看电影、电视，阅读散文、诗歌、小说，体验作者创作的情感历程，这也是一种沟通。不仅如此，通过作品的激发，我们在欣赏过程中还会产生出许多作品中没有的、超越作品的情感体验和思想。如果我们能和他人分享这样的情感体验，那么沟通的过程可能会促使积极的情感体验加深，也会使消极的情感体验减弱。沟通让人生变得丰富多彩，使人的有限生命走向无限。

我们每个人都能够体验到，沟通与人际关系的建立和维持存在着十分紧密的联系。有人想做这样一种尝试：假设，我们在北京、上海或广州这样的城市选择一个目标人，你们完全不认识，然后你要交给他一封信，不是通过邮政也不是通过快递，而是通过中间人不断地转交。这封信通过相互熟悉的人转交到目标人那里，需要经过多少次中介呢？

1000 次？

500 次？

心理学家在 20 世纪通过“小世界研究计划”证实，在一个超过 200 万人的群体中，只需平均 6 次，最少 2 次的转手，信件就可以交到收信人手中。

听起来是不是挺神奇的。你可以试一试，验证一下这个结果，可能也是一种非常棒的交往实践经验呢！

日常生活中，人们进行沟通的时间可能超出了我们的想象，通过沟通建立起人际关系，并由此将各人的努力汇聚起来产生的能量其实是巨大的。

除了与陌生人的链接，其实更多时候，我们需要通过人际沟通去维持已经拥有的人际关系。所以，不要轻易地中断联系，尤其是在这样一个网络发达的时代，保持人际沟通，可以让我们携手共同成长，始终感受到友伴的力量，始终有爱与归属的满足感。

人际沟通的意义可能不止这些，如果你有补充，可以写下来，也欢迎来信告诉我们哟！

人际沟通的条件与过程

你觉得人际沟通需要什么样的条件呢？学者眼中的人际沟通过程又是怎样的呢？让我们一起来了解一下吧。

首先，沟通的条件。日常生活中，沟通的类型多样，但借助语言形式实现的沟通，是人际沟通的主要形式，同时也是最为有效和最为精确的形式。

有效语言沟通的前提是沟通双方必须建立共同的语言符号系统。语言作为社会人群已经形成的高度共识的符号系统，每个字词的声、形符号都已经被赋予了一定的意义。因此，人们一方面可以用它来指称事物、描述内心状态，一方面又可以通过它的声、形等物化形式，使其他人能够觉察并理解。语言成了人与人之间进行沟通的桥梁。另一方面，约定俗成的字词符号系统，其含义不仅相对独立于沟通情境，而且在一定历史时期内保持着相对的稳定，因此语言沟通有着代际文化传递的特殊功能。

虽然语言已经成为具备特定意义的符号系统，但对不同文化背景下的群体，同样的语言符号所承载的意义可能不尽相同。例如，中国心理学家金盛华老师在《社会心理学》一书中提及，美国人和日本人在商业谈判中常会碰到沟通障碍，因为日语中的“hai”常常被译为“yes”，但它的意思是“是，我正在认真听”，而不是“是，我同意”。

除了语言本身，心理学研究还发现，不仅语言本身具有沟通的意义，语言的表达方式也传达着重要信息。个人的语言沟通方式，所使用的词汇、语法以及发音，直接受到教育程度、社会地位、职业等因素的影响。

此外，社会中还有一些人，因为各种原因，无法有效地运用语言技巧，但他们具备运用文字的能力，文字多少也可以替代语言，产生同样的沟通功能。

沟通是信息传递的必要途径，但沟通还包括意义被理解。尽管在日常生活中人们使用共同的词汇进行沟通，试图让别人理解自己或理解别人，但事实上，理解未必就能如我们所愿那样达到百分之百。理解的程度，取决于参与沟通的人们，在沟通中所涉及的主题和所使用的词汇上有多少共同的经验。共同经验越多，理解也会越对应。

有了相互理解，人际沟通才能够产生、发展和延续。人们在沟通中往往会有一个预设的假定，即沟通中用的语汇和句子，别人的理解与自己的理解是相同的。但事实上，如果沟通双方没有相同的概念背景，缺乏相同或相近的人生经历，那么理解和沟通就可能会发生偏差或困难。比如，没有经历过真正的穷困境地的人，可能并没有办法去理解贫穷真正意味着什么。因此，有时候为了获得有效的沟通，在共同经验的基础上，还要添加亲身的经历，才有助于达到感同身受，促进人际沟通。所以，不要轻易地推测你不太了解的情境，不要轻易地对不熟悉的内容下结论，要真诚地去与他人交往。

我们再来看看沟通的过程。沟通是信息交流（包含情感交流）的过程。信息发出者先对信息进行编码，将其转化为信号形式（如声音、文字），然后通过媒介（通道）传送到信息接收者处，信息接收者对收到的信息进行解码。至此，就实现了信息在个体之间的传递。

巴克尔描述了沟通过程的7个要素，包括信息源、信息、通道、信息接受人、反馈、障碍和背景等。

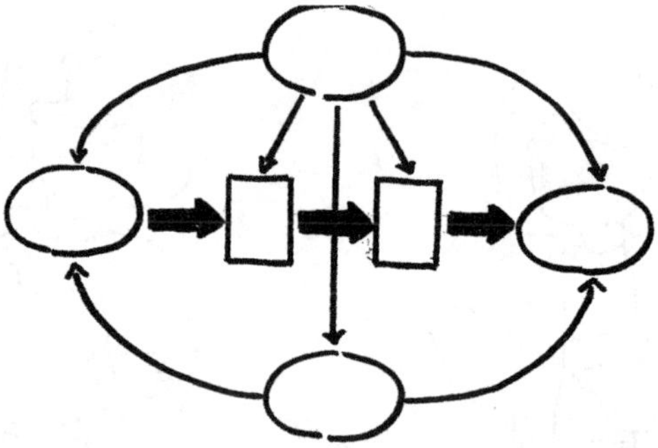

1. **信息源是沟通过程中的始发者，也可以称为信息发出者**。他们具有信息并试图进行沟通，在沟通过程中具有一定的主动权，可以自主确定沟通目的，选择沟通对象。

通常的沟通目的有三种：一是给他人提供信息；二是影响他人，使他人发生态度改变；三是与他人建立某种联系或纯粹为了娱乐。作为信息

发出者，在进行沟通前，要经历一个信息筛选、编码的过程。这个准备过程可以使人们对自己身心状态意识得更为准确，使得沟通的过程更为清晰和明确。

2. **信息是沟通传递的内容**。从沟通意向的角度说，信息是沟通者试图传达给他人的观念和情感。个人的感受没办法直接从我们的大脑到达对方的大脑，为了传输，我们将它们转化为各种不同的可为他人所觉察的信号。在前面的“沟通的条件”里，我们也提到过，各种符号系统中，最为重要的符号就是语词，是沟通的重要条件。语词可以是声音信号，也可以是形象（文字）符号，它们都是可被觉察、可实现沟通的符号系统。它们可以代表事物、人、观念和情感等自然存在的一切事物，使得人与人之间的沟通在广度和深度上具有最大的可能性。

3. **通道**。从发送者到接受者之间形成的沟通回路需要经过一定的形式，才能实现信息的有效传递。通常人们的眼睛、耳朵、鼻子、嘴巴和手都是传递信息的通道，其中视听通道是最为常用的一种。日常生活中所发生的人际沟通也以视听沟通为主。即便是网络沟通，我们也不满足仅仅是文字，所以语音沟通、视频互动被不断推出，人们希望获得能看到、能听到，甚至能触摸到的讯息。

虽然各种沟通形式不断出现，并且深深影响了人们的生活方式，但面对面的原始沟通方式仍是影响力最大的沟通形式。因为，面对面的沟通可以使沟通双方及时通过言语以及言语以外的其他身体语言，了解沟通双方的状态，更容易产生相互的情绪感染，使沟通最为有效。此外，面对面的沟通使沟通双方的反馈更为及时，也有助于信息发出者作出更为积极的调整，使得沟通过程更适合信息接收者。当我们非常想要和一个人深度沟通时，我们会竭尽全力去到他的身边，和他面对面沟通。

4. **信息接收者可以看作是沟通过程的终端**。信息接收者对于信息的接收，不是一个被动过程，而是一个积极主动地接收和加工信息的过程，会在一定的个人经验基础上，通过一系列的注意、知觉、转译和储存等心理动作，将接收到的各种具有特定意义的符号，转译成一种观念、想法或是情感。由于信息发出者和信息接收者的生活背景、个体经验和心理世界不会完全相同，因此转译后的沟通内容，与信息源的内容未必完全一致，而是带有接收者个人经验背景的印记。虽然不能达成百分之百的一致，但大部分情况下，沟通依然会有效地实现。

在沟通过程中，信息发出者与信息接收者的角色不是固定不变的，因为人际沟通是一个交互过程，信息发出者和信息接收者的角色可能在不断互换。

5. **反馈**。沟通中信息接收者不断地将沟通的结果回馈给信息发出者，使其进一步调整沟通动作，从而形成一个沟通的回路，这个过程就是反馈。反馈使沟通成为一个互动过程，而不仅仅是单向传递。通过反馈，信息发出者可以了解信息接收者对于沟通信息的理解状态，从而进行应对性的调整，以保证沟通的有效性。

反馈又分为**正反馈和负反馈**。如果反馈显示信息接收者接收并理解了信息，这种反馈就是正反馈。反之，则为负反馈。另外还有模糊反馈，信息接收者对于信息源的信息不确定的反应信息叫作模糊反馈。这意味着来自信息源的信息尚不够充分。有经验的沟通者对于反馈有着高度的敏感性。反馈不一定都来自信息接收者，有时信息发出者也会通过发送信息的过程，以及对过程的自我体会和反思，作出一定的调整，这也是一种反馈。这种反馈被称为自我反馈。

6. **沟通中的障碍，是会给沟通过程中增加困难或使双方没能很好地完成沟通的因素**。信息本身的模糊不定、信息发出者的目的不明确、信息没有被有效或正确地转换、误用沟通方式等，都可能造成沟通障碍。有些障碍比较容易解除，但还有一些可能会非常困难。这就要求人们不断提高沟通能力和素养。

7. **沟通过程的最后一个要素是背景**。沟通总是在一定的背景中发生，任何形式的沟通，都要受到各种环境因素的影响。背景是针对沟通发生的环境而言的，它可以是影响沟通的任何因素。在沟通的过程中，同样的一句话可能会由于沟通背景、情境的改变而产生不同的含义。比如简单的一句："去你的！"可以是亲人之间表示撒娇或亲昵的语言，也可能是朋友之间对言行不满的一种情绪表达，还有可能是在吵架的两个对象之

间表示愤怒的一种方式。

沟通发生的背景不同，会导致沟通信息的不同加工模式，效果也会大相径庭。

第一，**物理背景**。物理背景是指沟通发生的场所，会对信息传递的质量产生影响，噪声、沟通场所的环境布置、灯光甚至颜色搭配等，都有可能影响沟通。如大厅座无虚席，听众相互影响的本身就营造出倾听气氛，演讲者也会受到鼓舞；而如果听众寥寥，且还有人心不在焉，演讲者也很难慷慨陈词。即便是网络聊天，也可以自行选择对话框的背景，这些都是考虑了背景对沟通的影响而做的设计。

第二，**心理背景指沟通参与者的情绪或态度**。主要包含两个方面的内容：一是沟通者的一般心境状态。心境状态积极时，沟通者的思维处于积极活跃状态，对周围的世界充满兴趣，对于沟通态度积极，有较高的心理能量投入，信息与符号的转换过程也比较流畅。这时，不仅沟通的过程容易进行，沟通的内容也有较大的广度和深度，双方都会有积极的心理效应。相反，心境状态消极时，沟通者可能处于烦躁、悲伤或焦虑状态，对于沟通的要求往往不强烈，信息与符号的转换过程也会受到干扰。在这种情况下，沟通常常发生困难，会时常出现无反馈或错误反馈的情况。二是沟通双方相互接纳的状态。心理学研究发现，沟通双方的悦纳程度会影响沟通的过程和效果。所以，你看到两情相悦的人，彼此之间似乎通过眼神也能准确地理解对方，很多信息都会被解读成积极的或者充满爱意的；而针锋相对的人，就很容易把信息理解得比较负面，对于表情的判断也会跟着心情走，甚至会引发人际冲突。

第三，**社会心理背景**。沟通者之间的社会角色关系、沟通情境中不直接参与的其他人对沟通产生的隐性影响都属于社会心理背景。

对应每一种社会角色关系，无论是师生关系、亲子关系、恋人关系，还是普通朋友关系，人们都有一种特定的交往适当性概念或者说相对固定的期望。如果人际沟通在方式上符合这种适当性概念，就被认为是恰当的而被人们所接纳。如果偏离了，就会被认为是不恰当的，很容易被拒绝。你可以想象一个画面，一个一贯很严肃的老师正上着课，突然画风一变用撒娇的口吻对学生说话，即便是平时很不喜欢严肃老师的学生，也会被吓一跳，感觉不适应。

不直接参与沟通的背景人群也会影响沟通过程。比如，你和我正在交谈，突然发现有他人走近，我们可能会下意识地压低谈话的声音，或者终止谈话。但当我们发现来的人是共同的朋友时，又会放轻松，恢复原先的音量和语气。

你一直在经历人际沟通，不过它的发生条件和过程也许并没有太多地被你关注。不过，正因为你一直在经历，也有可能你发现了一些我们还没有关注到的内容。如果你有补充，一定要写下来哦！

沟通类型

沟通的类型十分复杂，其划分没有一个统一的标准，我们选用了几种不同的划分维度，聊一聊几种主要的沟通类型。

◎ 语词沟通和非语词沟通

通过语词符号实现的沟通称为语词沟通。而借助非语词符号，如目光、表情、体态语、姿势姿态、接触及非语词的声音和空间距离等实现的沟通，叫作非语词沟通。

语词沟通是最为普遍、最准确、最有效的沟通方式。它使人的沟通过程超越时间和空间的限制。在人类历史发展的长河中，语言和文字的产生，使得人类文明得以高速发展并有效延续。语词使得人们可以通过文字记载来研究古人的思想，也可以将当代人的成就留传给后代。现代社会传媒事业的高度发达，使得一个人的思想可以借助智能媒体，为更多人所分享。在人类的一切经验当中，语词是最为稳定和可靠的信息传递方式，共同性也最为显著。

非语词沟通往往和语词沟通同时发生，它广泛存在于沟通的每一个过程。一般而言，非语词沟通通常有三种方式：第一种，通过沟通伴随的自我表达特点，包括目光、表情动作、手势语言和身体运动等。第二种，通过沟通的条件、环境等无声信息传达，如静态无声的身体姿势衣着打扮、空间距离等。第三种，通过非语词的声音，如重音、声调的变化、哭、笑、停顿来实现的。关于非语词沟通，我们将在后文详述。

语词沟通的基本方式有**口语沟通和书面沟通**。

口语沟通就是借助于口头语言实现的沟通，是人们日常生活的主要内容。通常提及的口语沟通都是特指面对面的口语沟通，而通过广播、电视、网络等实现的口语沟通，则被称作大众沟通或大众传播。交谈、讨论、开会、讲课等都属于口语沟通。一般来说，在口语沟通的过程中，可以借助非语词沟通提供的信息（如表情、动作、姿势等）及时提供反馈，改善沟通策略，以实现高质量的沟通。口语沟通中，沟通者之间的相互作用充分，沟通的影响力较大，但由于口语沟通可记忆、保留的程度不高，容易因为其即时性、缺乏反复斟酌的特点而产生失误，因此在一些较为公开和重要的场合，口语沟通往往要结合一定的书面沟通形式。信息发送者常会预先准备书面稿，而信息接收者则往往会做笔记或进行录音录像等。

书面沟通通常是借助文字而实现的沟通形式。通知、广告、文件、报纸杂志、书籍等都可以作为文字的形式发生于沟通的过程中。书面沟通的稳定性要高于口语沟通，一般也便于保存和流传。同时由于阅读的速度要高于听说的速度，单位时间内书面沟通的效率也要高于口语沟通。但是，书面沟通往往由于缺乏面对面的机会和沟通背景的支持，多数情况下其沟通的影响力要低于口语沟通。不过，一些重要的红头文件的沟通效力要高于口头信息传达，这时的书面沟通由于具备了其他的附加条件，因此使得沟通的影响力大大增强。有些信息一时难以通过面对面的口语沟通表达出来，人们也会喜欢用书面沟通的形式来表达。比如，你喜欢一个人很久了，但是无法鼓起勇气当面表白，那么你可以使用古往今来常见的“情书”的方式，来对喜欢的人表达你的内心。

◎ 有意沟通与无意沟通

有特定目的，并且经过一定的专门准备的沟通叫作有意沟通。比如，我专门为你准备了跟交往有关的知识内容，仔细打磨后传递给你，也期待你的回应。还有另外一种沟通形式，即虽然双方是在进行信息交流的过程，但并不是明确意识到沟通正在发生，这种无意识状态下发生的沟通，就是无意沟通。心理学家曾发现，如果你一个人在路上慢跑或骑车，这时出现了别人（不管认识不认识）与你并排一起跑或一起骑，那么你的速度会不自觉地加快。这种过程就是一个**无意沟通的过程**。

有意沟通很容易理解，也很常见。但是无意沟通不容易被人们所察

觉，往往也会被忽视。事实上，当你进入一个陌生的环境，可能你并没有和其他人产生明确的沟通，但是你已经和这个环境中的其他人发生了无意的沟通。你会默默观察环境中的其他人，从他们的神态、表情中获得你需要的信息。同时，周围的人也在观察你的行为和表情，就此进行信息的交换和交流。所以到了一个新的环境，在一群陌生人里，你大约会迅速寻找到一个让你觉得可以靠近的人，可能是一种下意识的反应。如果一个陌生人加入你所在的群体，而后你感觉到他想要靠近你，那么无意沟通可能已经发生过了。

◎ 正式沟通和非正式沟通

在**正式社交情境中发生的沟通称为正式沟通**；反之，**非正式沟通是指在非正式社交情境中发生的信息交流**。

正式沟通一般发生在正式的群体中，比如会议、工作团体、公众演讲等。此时，沟通双方用词会更准确，并会注意语法的规范化，对衣着装饰、姿势行为也会更注意。在正式沟通的过程中，往往存在典型的"面具"效应，即人们试图掩盖自己的不足，行为举止也会变得更为符合社会期望。

自然结成的群体中发生的沟通常是非正式的，如亲朋好友的聚会、寝室中的沟通等。此时，人们一般比较放松，双方的表现也更为真实。在正式群体中同样存在非正式沟通，其中小道消息的传播就属于非正式沟通。一般来说，小道消息多为口头传播，但也可以是书面形式（如便条或网络聊天工具中显示的信息）。小道消息的传播途径有单线式、闲聊式、随机式和簇式。

单线式，就是一传一，比如，你听到了一个消息，你传递给你的好朋友，而你的好朋友再告知另一个与他关系不错的人；闲聊式，可能是在一个群体聚会场合，一个人突然说了一个消息，全场都知道了；随机式，就是传播对象不确定；簇式，就是获得消息的人里有人继续传播，其他人则没有。小道消息传播时可能会有很多的添油加醋或者断章取义，所以很容易引发一些误解和谣言，因此在交往中，要注意避免自己的无心给他人带来的伤害。

◎ 个人内沟通

每一次以他人为对象的沟通过程,实际上都会先在个人内部有一个自我沟通的过程,这个过程就被称为个人内沟通或自我沟通。个人内沟通有两种形式:一种在人际沟通发生之前,人们为沟通进行的准备。在与他人发生沟通之前,个人内部神经系统,通过信息传入和传出两个系统首先形成一个沟通回路,从而明确一定的沟通目的,选定一定的沟通策略,之后才会发生与他人的沟通。有时个人自己会有独自的自我沟通过程,这是另一种个人内沟通。自言自语是最明显的个人内沟通过程。与人们在碰到困难的时候,会通过个人内沟通鼓励自我。自我反思也是人们常常使用的一种个人内沟通过程。写日记就是一种典型的自我反思形式。

沟通类型非常多样,除了以上我们提到的,你还有补充吗?欢迎你与我们分享。

沟通的相关理论

沟通跟关系是密切关联的，这里要介绍的沟通的相关理论，也可以理解为解释人际关系的理论。

◎ 社会交换理论

早期的社会交换理论把人与人之间的关系看作简单的经济贸易关系，可以这样认为，如果一个人在交往中给予与他人很多，那么就要从他人那边多取得一些作为报酬。人际交往活动具有社会性，当个体做出某种行为时，必然会引起交往对象相应的反应行为，因为对方的反应会给个体带来直接的奖赏或惩罚。如果个体在交往中获得的奖赏越多，那么这种交往活动的价值就越大，他继续参与的可能性也就越大。

也有学者提出交换的回报主要是指我们在与他人的接触中获得的令人满足的经验和商品，如陪伴、接纳、关心、礼物等。人们在人际关系中收获的不仅仅是物质或任务上的帮助，还有自信、情感支持、自尊等，而交往中所有令人产生挫折感和压抑的都是成本，如金钱花销、时间消耗、不满的情绪等。

基于社会交换理论，有人提出在长期关系中，人们对关系的满意程度主要取决于四个要素：一是自己在关系中得到的收益；二是自己在关系中花费的成本；三是对自己在关系中应得结果的预期；四是替代关系的质量，即对自己能与他人建立更好关系的可能性评估。

尽管社会交换理论在解释一些现象时比较有用，很多人不喜欢这个理论。因为我们更渴望人际沟通是单纯的、美好的，而不是时时计算着成本，体会着交易。

◎ **人际需求理论**

有心理学家认为，个体内心都有三种基本的人际需要：包容的需要、控制的需要和情感的需要。这三种基本人际需要的强烈程度可以描述、解释和预测个体的人际交往行为。在人际沟通过程中，如果我们体会到需要被满足，关系就会持续并获得良好的发展，如果没有得到满足，关系就会被破坏，甚至个体会义无反顾地从关系中退出。

包容的需要主要是指，个体想与别人建立并维持一种满意的相互关系的需要，也可以称为归属需要。这种需要得到满足之后产生的行为特征是沟通、参与、融合等。如果你观察到一个人拥有很多朋友，那么他很可能就是一个比较容易满足他人包容需要的个体，如果当你感到被他人排斥，你的包容需要就处于不被满足的状态，就会产生很多消极的反应，甚至想要回避人际沟通。

控制的需要主要是指，个体在权力问题上与他人建立并维持令人满意的关系的需要，也可以称为支配的需要。以运用权力、领导和影响他人为特征。这里所说的权力是指一个人能够有意地影响他人行为、思想或感受的能力。关系中，拥有控制感的人可能会感到更安心，但有时候另一方也许会因为强烈的被控制感而感到不舒服。不过，也不要把这种控制想象得过于夸张，有时候朋友双方，一方比较喜欢提建议去哪里吃、去哪里玩、去哪里学习，并希望被对方采纳，也是一种控制的表现，如果另一方也很愿意接受这些建议，这两个人的人际沟通也会处于一种比较愉快的状态。但通常来说，控制权是流动的，而不能只是被一个人所拥有，这样的互动可能会有一些隐忧。

情感的需要主要是指，个体在与他人的关系中建立并维持亲密的情绪联系的需要，也可以称为爱与被爱的需要。以友善、关怀和亲密为特征。个体如果从关系中获得依恋感、社会融合感、自我价值观、稳定联盟感、指引和照顾他人的机会，这些积极的情感体验能促使个体更好地适应环境。在人际沟通过程中，如果能够体会到情感的交互与流动，就会更加乐于沟通，有些人沉醉于人际互动，也是因为相对其他的生活内容，在这

样的过程中获得的情感满足更充分。

虽然需要的满足让我们愉悦，但我们也要知道，并不是所有的需要都可以同时被满足。在互动过程中，一方的需要被满足，并不意味着另一方也被满足，所以，在人际沟通的过程中，满足与不满足可能是交替出现的，有时候能接受延迟满足，可能会有益于关系的延续和发展。

◎ 社会渗透理论

人际关系的走向与个体自身沟通能力和个体间的沟通状况有着极为密切的关系，社会渗透理论可以用来说明自我袒露在发展友谊等亲密关系上的作用。

自我袒露是个体与他人分享隐秘信息与感受的过程。有些自我袒露是为了宣泄自我感受，排解内心的压力；也有一些是为了进一步了解自己，理清当前的混乱思路，增强对自我的觉察，自我澄清；还有是个体通过自我袒露观察他人的反应，从而判断自己的观点是否正确和恰当，进行社会确认；也有个体通过有意袒露某些信息达到印象管理的目的，进行社会控制；很多时候，个体通过自我袒露私密性信息，表达和体现自己对他人的信任和亲密，从而使关系得到更好的发展。

对个体而言，自我袒露存在着一定的风险。比如，对方根本没有兴趣了解，对于袒露的信息无动于衷、表情冷淡，会使得袒露一方感受到尴尬；有时候袒露的自我信息不被对方认同，造成他人对袒露方的排斥；别有用心者甚至会利用他人的自我袒露做一些伤害或者恶意控制的事。有时候，虽然袒露方期待他人保密，但是却可能被辜负。一旦人们较多考虑这些风险，自我袒露的动机就会减弱，会隐藏自己的真实想法和感受。

但当关系由浅入深时，我们会更多地袒露个人信息，从一开始的公共信息，到身边的一些具体事件的看法，再进展到深入的自我价值偏好表达或者情感袒露，如果一个人将自己的情感和私人信息袒露给他人，感受到了来自对方的认同和温暖，那么袒露者就会倾向于开放更多，如果对方没有给予积极的回应，甚至有不忠诚或背叛的表现，关系就会恶化，袒露就会被封闭。自我袒露本身不会创造亲密，但通过自我袒露，彼此之间的接纳和理解，共情，就会增强双方的信任感和情感上的亲密程度，这样的沟通就会带来更为深厚的关系发展。

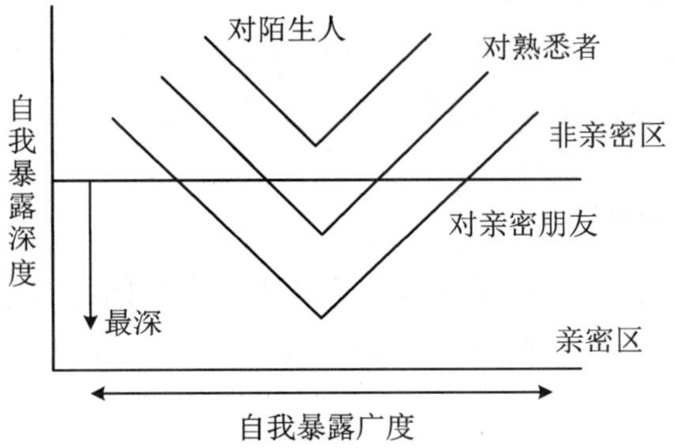

与沟通有关的理论应该还有很多，如果你也发现了一些有价值的理论，不妨来和我们分享，也欢迎你积极与身边的同学分享，交换知识，分享情感，让我们都收获更好的沟通过程。

倾听

日常生活中，听是常常发生的状态，但是倾听却不一定。倾听对于人际沟通是非常重要的。让我们一起来了解倾听的基础、倾听的障碍、同理心（或者称为共情）以及主动型倾听的相关内容吧。

倾听的基础有理解、欣赏、想要学习、想要给予帮助和安慰。

为了理解他人，我们需要倾听。如果只是开放我们的耳朵去接收声音，可能我们无法理解对方说不生气，却攥紧了拳头；说不难过，却湿润了眼眶；说不着急，却不停地看时间。所以，倾听不单单要依靠耳朵去听，还需要用眼睛去看，还要让心灵贴近对方。

因为欣赏他人，我们会倾听。欣赏让我们觉得他人的声音更悦耳，表情更生动，一举一动比平日或别的人更有吸引力，不自觉地更能认真听，更愿意多看，更想要去体会他表达中的情感，产生共鸣、体会愉悦。

因为有学习动机，我们会倾听。想要从他人那里学习到更多的知识、经验和能力，就会感觉只用耳朵听是不够的，不去用眼睛观察会错过很多细节，不开动大脑调动情绪跟着对方的节奏走会不能充分获得。

因为想要给予帮助或安慰，我们会倾听。他/她为何如此难过？他/她为何如此沮丧？遇到那件事情时他/她的感受是什么？他/她需要什么？我能做些什么？我们都有可能会遇到想要帮助或安慰别人的时刻，有些人感谢我们给予帮助，有些人感谢我们认真专注地听他讲完。当你倾听的时候，你和他/她在一起，他/她是可以感受到的。

倾听虽然很重要，但常常会有一些障碍，使得倾听并不那么容易实现。

◎ 对比

当他人在表述自身情况时，听者下意识地想起自己也有过类似的经历。“他说自己学习好辛苦，我比他还要辛苦，我都没有说。”这在大学生活里很常见，很多时候，诉说的人很想表达内心的压力，但因为听者也会面临同样的压力，常常不自觉就带入了对比，有可能根本无法理解对方的情绪，甚至会产生一些抵触的情绪，导致听的结果完全不符合表达者的期待。

◎ 猜测

将他人传达的部分信息，不加澄清和确认，仅根据自己的感受和推测，猜测对方的意图和感受。“虽然邀请她去看展览，她没有拒绝，但看她的表情那么不在意，甚至行动上还拖拖拉拉，好像感觉她不太想要跟我一起去，是最近太累了，还是我做了什么让她不满意的事?”你肯定知道，胡乱猜测是不好的，但有时候，你可能会觉得自己的猜测很有道理，甚至能摆出证据。但如果猜测的结果带来一些负面的情绪和看法，倒不妨尝试主动去沟通，再通过倾听来明晰，不要轻易下结论。

◎ 演练

有些人总是很害怕在交往过程中出现冷场，于是当他人在表达时，时刻准备着要接上，甚至在心中不断地演练，“如果他说完，那么我要接着说……然后……”冷场让人感觉尴尬，但一心投入在演练自己要讲的话时，你怎么可能有时间去倾听呢？演练的时候，你还不得不装出感兴趣的样子，但是你的思维却在不断地工作。

◎ 过滤

有些人只在意自己想要关注的信息，一听到和自己想得接近的内容就觉得自己已经获得了他人表达的全部。“他说到底还是因为恋爱

问题而感到烦恼，因为不能找到合适的恋爱对象，所以学习也不能专注，对自己也不是很满意，和室友的关系也出现了问题，肯定是这样……”过滤还是因为我们太过于关注自己，太着急给对方一个明确的反馈，所以着急给出一个推论，而后开始思考要怎么反应。有时候不能太着急，尽量不要错过一些细节，这也是倾听非常重要的地方。当然有些人过滤也是因为并不想听对方说什么，有些人对那些具有威胁的、否定的、批评的或者令人不愉快的话语也会自动过滤，好像这些话从来没有听过。

◎ 争辩

有人在他人表达的时候，总是不自觉地要提出自己不同的观点，并且确认自己是正确的，试图纠正他人不合理的想法。“你这个想法会给你带来不必要的困扰，其实你应该这样想……”生活不是辩论赛，尤其是他人表达内心的时候，如果我们总要评价其对错，总在表达跟对方不一样的感受和看法，那么“一拍两散”的结局怕是不远了。

◎ 好为人师

对他人所表达的内容，似乎自己拥有过来的人经验，或者有些人总是有点不自觉地要给他人提供方案，就很容易出现好为人师的倾听障碍。“我跟你说啊，失恋嘛，很常见，很多人都经历过，你不要总是想着她，没用的，会睡不着，忘了她吧，放下，不要想……”很多时候，我们内心所想，其实他人也都知道，他们懂的，可为什么他们还想要诉说呢？因为倾诉本身就可以帮助情绪宣泄和缓解，再者他们体验到了失落和难过，可以从我们这里获得一些关系的存在与支撑，感受到归属，就会好很多。所以一旦好为人师的感觉出来了，一定要记得，对方现在只是需要讲给我听，需要我陪着他、感受他、支持他。

◎ 心不在焉

有时候个体会出现似听非听的状态，可能是因为对方的某些话触发了你的自由联想。当你感觉无聊或者焦虑时也很容易心不在焉。如果你感受到这种心不在焉，可能表明你无意了解对方或者欣赏对方，因为至少在那一刻你不是很在意他说的话。当这样的情况出现后，又被你觉察到时，可以及时地调整自己的状态，如果是关系好的人，你也可以直接说对不起，我现在有点累，不能很专注地听。让对方知晓你的情况，也是对他的尊重，也能比较好地获得对方的理解。

如果我们想要实现有效倾听，那么我们可能需要不断提高同理心，或者说，共情的能力。运用同理心去听，就能比较好地克服倾听的障碍。运用同理心，我们要接受他人的观点，在听的时候不随意进行评论，努力去体察表达者的情绪，试图跟他站在一个位置上，体会他的体会，而后有了真正的理解再进行交流，不断澄清和明确自己是否真正地和对方在一起。

我们也来了解一下主动型倾听。倾听不意味着缄默不语，实际上他人在表达告一段落时，会期待听者的回应。一个主动型倾听者，会积极运用复述这个有效的方法。“我听下来，感觉你说的是……换句话说……你的基本感受是……按照我的理解……你的事情是这样的……你的意思是……”用自己的语言尽可能地把对方想要表达的内容复述出来，这样一方面让对方真切地感受到你在专注地听，另一方面也有可能会获得更准确明晰的信息，防止出现猜测、过滤等倾听障碍。

复述的目的之一是澄清，澄清是为了明确倾听重点，听到更多的东西。结合他人的所思、所感以及相关历史去了解事件的真相。

在复述和澄清之后，客观地与对方分享你的想法、感受和感觉。反馈要及时，要诚实但并非过于直白，也要措辞谨慎，语气语调婉转，以防止造成不经意的伤害。这些听起来很容易理解，但是在人际交往实践中有效、熟练地运用也并不是那么容易的事情，如果想要做到主动型倾听，不断地练习也是必不可少的。

如果你想要提高倾听的能力，光把知识记在心里是不够的，可以寻找朋友甚至是老师，通过行为训练的方式来不断提高。如果你有很好的练习经历和总结的经验，也欢迎分享哟！

表达

人人似乎都会表达，但也有很多人感觉自己存在表达上的困难，比如词不达意，或者自己好像讲清楚了但是别人不能很好地理解。如何在关键时刻、在要紧人物面前有效表达自己？如何清楚透彻地表达自己的内心世界呢？我们对表达多一些了解，或许会做得更好。

◎ 表达你的观察

这意味着表达出感官告诉你的东西。没有思索、推论或推断，一切都是纯粹的事实。比如，“我读了一本书，它说五百年内冰川期会来临”，或者“我以前的住址是梧桐大街 1996 号”，又或者“她打算穿一件带白色褶皱的薄纱礼服”，还有“我今天早上弄坏了自己的耳机”“我离开家的那天，天很热，微风吹过田野，雷雨云开始在北方累积”。所有这些陈述都紧紧围绕着当事人所听、所见或个人经历来展开。

◎ 表达你的推理

推理是你从所见所闻（包括阅读、观察）得出的推论、结论，是对观察结果的总结。推理还包括你判定事物好坏、是非等的价值判断。信念、见解和看法都是推论的变体。比如，“无私是成功婚姻的基础”可以看作信念。“我认为宇宙会不断地爆炸、坍缩，爆炸、坍缩，永无休止”“他肯定怕他妈妈，他在她身边总是显得紧张兮兮的”这些是看法。“你不该断然不去看她”这是价值判断。如果你知道你的朋友总是打游戏到深夜两三点，而你是个作息规律的人，你可能会说，熬夜打游戏真的不好，很伤身体，还影响学习。

◎ 表达你的感受

最难的恐怕就是表达自己的感受了。有的人压根不想听你谈感受。一谈及感受，他们就倍感无聊或不安。有的人会有选择性地听取，他们会听你诉说失恋后的忧伤，却不想听你谈论对死亡的恐惧。愤怒是最令人沮丧的感受，因为它威胁到听者的自尊。

因为人们常常害怕情绪化的东西，所以你可能会隐藏自己的许多情绪情感。但是在很大程度上，使你成为独一无二、与众不同的恰恰是因为你有自己的感受。分享情感是建立亲密关系的基础。当你让别人了解了什么会令你生气、害怕和高兴时，会出现两个结果：一是他们会更加共情到你、理解你；二是能更好地调整他们的行为来满足你的需求。当我们听到："我想念曼尼，当她动身去外地的时候，我感到非常失落""我觉得让你下不了台，这让我很苦恼""我独自坐在屋里，感到浑身战栗，忧伤不已""一看到你，我就满心喜悦，我有一种难以置信的感情冲动""我注意自己的反应，我感到震惊，这有些生气"……我们就更加能够体会到表达者的内心。这里要注意的是，表达感情的陈述不是观察、价值判断或看法。比方说，"有时候，我觉得你很严格"，就和感情无关，只是一种比较婉转的判断。

◎ 表达你的需要

除了你自己，没有人能精准地知道你确实想要的是什么。你是研究自己的专家和最高权威。然而，对于表达自我需求，很多人却可能怀有强烈的抗拒心理。你希望家人、朋友足够敏感且富有洞察力，知道你需要什么。人们通常假定"如果你爱我，就应该知道我哪儿不对劲"。因为你觉得主动要求是不好的，所以在表达需求时，你可能会先生一通闷气，然后才言归正传。你一边生气一边说："我开口要求人是我的错，可逼得我不得不开口求人，就是你的不是了。"

想保持亲密关系却不表达你的需求，就像开车没有方向盘。你可以开得很快，却无法改变方向或绕过坑坑洼洼。如果双方都能清楚而积极地表达自己的需求，关系就会改善、融洽、亲密。很多需求是可以直接说的，比如，“你能在七点以前回家吗？我想去看电影。”“我太累了。你能早点打完游戏，关灯休息吗？”“这个周末，我想自己待一天。咱们能否星期天晚上再见面？”“我想与你定个时间，这样我们可以坐下来，把问题解决了。”“你能抱抱我吗？”绝大多数需求不涉及好坏、对错、褒贬，只是一个简单的陈述，表明什么对你有帮助或使你快乐而已。

完整的表达包括：所见、所思、所感和所需。它是亲密关系欣欣向荣的土壤。你不与人分享你的所有体验，你的密友、同事和家人就无法了解真实的你。如果想要完整传递信息，就意味着，表达时你要无一遗漏地全盘托出，不要掩饰愤怒，也不要抑制欲望。你要对观察作出准确的反应，清楚地表明自己的推论和结论，说出这一切带给你的感受，如果你需要什么或者认为有可能改变什么，就直截了当地提出要求和建议。

如果你在表达中遗漏某些重要的信息，就叫作不完整信息。不完整信息可能会造成混乱和不信任。人们感到少了什么，但不知道是什么。人们对于你不谈感想和希望只谈干巴巴的判断可能不感兴趣。你不谈遭受挫折和伤害的经过，只是一味发脾气，他人也可能会不愿意听你抱怨。你不提供有确凿证据的观察结果，人们会对你的结论投以怀疑的目光。你不谈感想和看法，只提要求，人们会感到不舒服。

不过，并不是所有的关系和情况都需要完整表达。也许，跟正在把你推成平头的理发师的有效沟通就用不着感慨万千，无须探讨你的感情需求。即使是跟亲密的人，大多数的沟通也只是知会一声。但是，遗漏或模糊了某些重要信息的不完整表达却总是存在危机的。当一个问题很复杂却又是亲密关系的必要组成部分时，传递不完整的信息就会破坏关系。

你可以通过询问下列问题，测定自己传递的信息是完整的还是不完整的：

- “我表达出了所知道的真实情况吗？它是建立在我观察、所见和所闻的基础上的吗？”
- “我表达并清楚地指明了我的推论和结论了吗？”
- “我不加判断地表达了我的感受吗？”

• “我不加判断地说出了我的需求吗？”

当你表达的信息是混杂的或容易误解的，就会发生混淆。例如，如果你对女友说：“你又穿那件旧衣服了。”可能就会混淆你的感受、想法和观察。其实，这里面真正要表达的可能是三件截然不同的事：

“那件衣服有些磨损了，而且有洗不掉的墨点。”（观察）

“它是你的前男友买给你的，你难道又想起他了？”（推理）

“你穿它，我感觉不太舒服，也不是很开心。”（感受）

混杂的信息说得好听点令人糊涂，说得难听点则起到一种疏离作用。比如，“在你喂猫的时候，我的饭菜都凉了”这则信息展现出疏离的作用，因为表面上看上去是一种简单的观察，其实暗含着恼怒和评价（“我在你心里还不如一只猫呢？”）。

混杂的信息不同于不完整的信息，因为这不仅仅是一个遗漏的问题。你没有遗漏愤怒、结论或需求。一样没漏，但却是以伪装或隐蔽的形式表现出来的。我们来看一些例子：

“你为什么不能改改，像个人样呢？”在这句话里，需求与价值判断（推理）混杂在一起。完整的表达应该是：“你很少开口，即便开口，也是有气无力（观察）的。让人觉得你冷冰冰的，毫无感情（推理）。我很痛苦（感受），可我确实想要你和我说说话（需要）。”

聚会上，有人气呼呼地说：“我要回家去……头疼的毛病又犯了。”这是一个情感与需求相混杂的例子。其实，这个人真正想说的是：“我一直孤零零地站在那里（观察）。看来你根本不关心，或者不想让我参与谈话（推理）。我觉得委屈和生气（感受），希望你别把我撂在一边，我不想傻站在这里（需要）。”

混杂信息最容易的方法是，内容平铺直叙，但却用一种泄露你感情的语气表达它。“我不想再面试任何人，我们已经招够了”这句话可以用一种就事论事的语调来说，也可以用厌烦的语调来说。前一种语调是对需要的清晰陈述。后一种语调，需要则与无名的恼怒混杂在一起。避免传递混杂信息的秘诀在于分开表达你想要传递的每一部分内容。

想要做到完整有效地表达，可以提前做些准备。

要知己知彼。确定你所表达的是完整的信息，而不是不完整的或者混杂的信息，唯一的途径就是审视自己的内心世界。你的所察、所思、所感和所需到底是什么？这次沟通的目的是什么？说出来的目的是你的真实目的吗？你害怕说什么？你需要传递的是什么？

认识自己可以做一些事先排练，尤其要习惯于传递完整的信息。可以在脑子里复述要说的内容，直到每个部分都变得一清二楚。把你观察和了解到的东西与你推测和料想的东西区分开来。你要正视自己的感受，并把它表达出来，渐渐地你就会从容不迫地表达自己的需求。在表达任何重要的信息之前都应该做一下听众分析。如果你的朋友刚刚考得很差，他就可能不愿意听你说成绩很糟糕，学得很不好的事。对方的状态如何？他正在忙着、痛苦着、生气着还是准备倾听？这些是可以判断一下的。如果是面对面的对话，我们还可以关注对方的反应来调整表达。

还需要留意场合。通常，只有当两人独处且不受干扰时才能传递重要的信息。在嘈杂且人多的场合，人们不太可能传递完整的信息。如果需要完整表达，可以找一个比较隐蔽的、说话不会被打断、让你心旷神怡、安静且没有干扰的地方。

倾听是需要练习的，表达毫无疑问也需要不断练习，才能提高相应的能力。如果你愿意，那就行动起来吧！可以与我们分享你练习后的收获！

自我袒露

自我袒露，对有些人来说也许就像跳伞不带降落伞一样让人害怕。踌躇不前是因为担心自己会被拒绝或非难。但自我袒露能升华关系，澄清疑惑。所以有效的自我袒露对我们来说非常重要。前面我们讲到社会渗透理论时也提及了自我袒露，这里我们还将花一些笔墨来说一说。

其实我们没有办法不袒露自己。每当周围有其他人，即使不理睬他们，我们的沉默和姿态也在透露某种信息。所以，问题不是“是否要袒露自己”，而是“如何袒露才得体，且事半功倍”。

我们在这里把自我袒露定位在只是传递自身的信息。这里的“传递”意味着必然有一个对象作为袒露的接收方。内省和写日记在这里暂时不被看作是自我袒露。“传递”还意味着非口头语言的自我袒露，如手势、姿态和声调等。

我们袒露的东西对对方来说要是全新的，而不是老调重弹。传递的信息可以是我们观察到和指出的事实，可以是曾经经历过或正在经历的情感，还可以是对自己或他人的看法，当然也可以是过去或现在的心愿和需要。

为了更好地理解这个被袒露的“自我”，我们用“乔哈里窗”来协助理解。

自己知道、别人也知道的区间，是公开的自我。它包括一切有意识的行动和言辞。

自己不知道、别人知道的区间，是盲目的自我，涵盖了自己忽视而别人能发现的自我，比如习惯、癖好、防御机制和脱身策略等。

自己知道、别人不知道的区间，是隐秘的自我，这里有全部的秘密——包括自己守口如瓶的想法、感受和愿望。

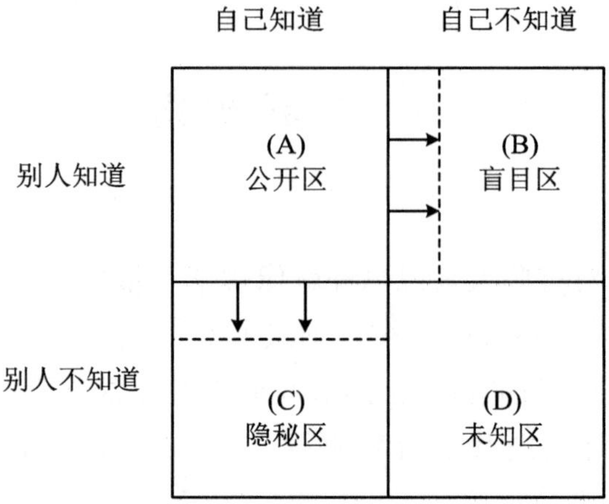

自己不知道、别人也不知道的区间，是未知的自我。我们假设它存在，并称它为无意识或下意识的自我。有可能在自我探索的过程中出现，也可能常在睡梦中呈现。

这些区间的划分并不是一成不变的。观察、思考、感受和愿望都会随着我们的日常生活不断变动，从一个区间转向另一个区间。我们在外部世界看到、听到和触摸到的一切都会被吸纳进隐蔽自我。

有些被遗忘了，它们可以被认为进入了未知的自我；有些体验一直影响着我们的无意识习惯，从而进入了盲目的自我；有的事情，我们铭记在心却永远不会透露，只是把它们封存在隐蔽的自我中；还有的事情，我们注意到了又告诉了他人，从而进入了公开自我。一旦洞察了自己的待人接物处世之道，我们就将这种洞察从盲目的自我转移到了隐蔽的自我，如果与人共享这种洞察，就使这种洞察进入了公开的自我。

所谓的自我袒露，就是我们的观察、感受，想法和需求，从隐蔽的自我进入公开的自我的过程。如果我们善于自我袒露，公开的自我的区间就会大于其他区间，公开的自我区间越大，就越有可能获得自我袒露带来的好处。

要准确地展示自己是怎样一个人并不容易，但是想接近别人，让他们了解自己内心的念头是我们正常合理的需求，也会一再出现，所以即便自我袒露是有困难的，却值得去做，理由如下。

◎ 增进自知

我们认识自我的程度，取决于被人认识的程度。这听起来似乎不可思议。我们的思想、感受和需求，通常只有在表达出来以后才不再扑朔迷离，让别人理解我们的过程，就是我们澄清、界定并得出结论的过程。比如，要表达需求，就得具体地描述，从细节指出需要解决的矛盾和可能存在的冲突。这都会增进自知。

◎ 拉近亲密关系

自知和知人是建立亲密关系的基础，如果双方都愿意袒露真实的自我，那么关系就会日益融洽；如果一方或双方都有很大的保留，那么关系相应的就会疏远冷淡。

◎ 改善沟通质量

袒露会报以袒露。你对别人推心置腹，别人也更容易对你敞开心扉。即使是与那些不太熟的人，交谈范围也会扩大。特定话题的交流沟通会更加深入，我们从别人那里得到的远不止是事实和观点，当他人愿意和我们分享时，他们的感受、内心的信念、需求都会逐一呈现。

◎ 减轻内疚感

内疚是一种复杂的情绪，它包含了我们对自己的恼怒，以及害怕因自己曾做过却没做成或者想做的事而受到惩罚的心理。内疚有时是毫无道理的，却总是令人痛苦不堪。一条可以稍稍减轻内疚之痛的途径就是袒露。袒露，曾经做过或想做的事，可以从两个方面来减轻内疚感：(1) 不再需要花费精力去掩饰过错；(2) 当感到内疚的事情被袒露之后，就更能客观地看待它。我们会获得反馈，可以借此机会来检验这种内疚感。是否情有可原，自己是否太苛刻、太无情。

既然自我袒露的好处多多，为什么每个人并不会把自己的一切告诉别人呢？因为，现实中存在着一些阻力，阻碍袒露自我。

不愿袒露自我往往是出于害怕：害怕碰壁、害怕惩罚、害怕别人的背后议论，或者害怕被人利用。有些人可能会笑你，或者说“不”，或者干脆离开。如果你袒露的是某种缺点，人们可能会认为你是个彻头彻尾的坏蛋；如果你袒露的是优点，别人有可能会说你在吹牛；如果你表明立场，你可能就不得不付诸行动，赞成某一方、捐献或者卷入别人的麻烦中。你可能会对自我认识本身产生恐惧，你的直觉告诉你，袒露可以更好地认识自我，但你又觉得对自己来说，某些令人不愉快的事实还是不要意识到为好。

有些人比其他人更外向、更坦率，他们的公开自我相对较大，但实际上能袒露的多少并不是一个固定值。你可能总是比另一个人更开放或更保守，你的开放程度也会波动，取决于你的心情，你谈话的对象以及你们谈话的内容。

健康的自我袒露，关键在于适当地把握情境和对象。总体来说，你公开自我越多，沟通的效果就越好；你隐藏和保留得越多，沟通的效果就越差。也要避免走向极端，如果自我公开过多，也可能会被认为是多嘴的、不识趣的，如果过少就会显得总是沉默寡言，拒人于千里之外。如果你的盲目自我区间过大，你就会对自己的表现茫然无知，在你还不知道的情况下可能会背上恃强凌弱、吝啬鬼这样的恶名。如果盲目自我区间过小，就会偏向过于自我分析。如果隐蔽自我区间太大，会过于孤僻而难以接近，如果太小，那可能是一个不太靠得住的人，因为看起来守不住任何秘密。

这有一个自我袒露的练习，希望有利于提升你的自我袒露能力。

训练自我袒露能力，有三个简单的步骤，从讲述一些与你自己有关的事，到透露你目前的想法、感受和需求。

第一步，袒露信息。在这部分练习中，你只与事实打交道。找一个熟人，告诉他你的学习情况、最近的休闲情况，或者你经历过的一些有趣的事情，只谈何时、何地、何事、何人等。不要涉及你的任何想法或看法，如果你对自己袒露的事实感到满意，则进入第二步。

第二步，袒露你对过去或将来的想法的感受和需求。事实只是经历的一部分，接下来你可以谈谈你的音乐偏好、职业抱负、特别得意的事情和健康状况等等。与一个你信任的人，谈论你选定的话题，不但要陈述事实，还要告诉他你对该问题的想法、感受和需求。

不要告诉这个人，你现在的感受和想法，只是谈论与过去或将来有关的话题，如果你对这一步的训练也感到满意，就可以进入下一个阶段。

第三步，当场沟通，这个难度最高。因为你必须告诉这个人，你此时此刻的想法、感受和需求，这是有风险的。比如，你可能谈到你如何为对方所吸引，他的反应如何令你感动，你怎样隐瞒某件事情，你如何掩饰很多使自己看上去得体，你希望谈话有怎样的结果，你现在需要什么，你现在感到放松还是紧张等。但这也是最彻底、最令人满意的自我袒露方式，我们在前文中提到的完整的表达，可以用于此处。

练习，并且记录下你的收获吧！

非语词沟通

人们在沟通中往往更多地关注语词沟通，比较注意自我语言的组织、语词的搭配等问题，而对语词之外的非语词沟通效果和意义、价值关注不足，那么就让我们一起来关注一下吧！

在生活中，非语词沟通几乎是时刻存在的。我们总会表现出各种各样的面部表情，我们的穿着、服饰搭配会体现个人风格，声音、语调线索往往也和个体保持一致。在社交中，尤其是面对面的沟通中，非语词信息协助我们解读他人的个性和情感，了解他人的社会行为。但捕捉这些信息也不是那么容易的，所以才常常被忽视。

在不同的文化下，人们不仅在对情境中的非语词信息的理解上产生分歧，而且人们对非语词信息的依赖性也不一样。即便是在同一文化下，人们对某些非语词信息的理解基本一致，但是对非语词信息的敏感度是因人而异的。你会发现有些人很容易捕捉到他人的非语词信息，自身也能很好地运用非语词沟通，但有些人就似乎完全不知道该如何是好，或者根本不在意。

绝大多数的非语词沟通是通过身体语言来实现的。比如，目光与面部表情、手势动作、身体姿势等。心理学家经过严格的观察研究发现，“此时无声胜有声”绝不是简单的主观感受。在两人面对面的沟通中，55%以上的信息交流，是通过身体语言实现的。身体语言在人际沟通中有着口头语言所不能替代的作用。主要有以下特点：

第一，广泛性。运用身体语言进行沟通，是人人具有的能力。几个月大的婴儿，就具有了发现表情线索，并对其作出恰当反应的能力。有人对6个月大小的婴儿做过实验，发现当成人对他们微笑，对其表示接纳时，他们也会显示出微笑的接纳反应。而当成人对其表示气愤，显示拒绝的表情时，他们也显示出不愉快、拒绝或恐惧的表情。

第二，连续性。身体语言使人可以保持不间断地沟通。人们每天运用语言进行沟通的时间并不是很多，而且语言的沟通是间断的，但身体语言的沟通则是一个不停息、无间断的过程。只要人们彼此在对方的感觉范围内，就总存在身体语言的沟通。

第三，不受环境的限制和具有保密性。口语沟通有着许多物理的、社会的限制。比如，距离超过一定限度，口语沟通就很难实现。有时沟通的内容不希望被别人知道，而偏偏又不能躲开别人，也不能运用口语来交流信息。此时，很多人会选择依靠身体语言进行沟通。身体语言信号通常要放到整个身体语言沟通的过程中，其意义才能够被确定。所以，沟通者可以在特定情境中使用别人难以理解的具有特殊含义的身体语言。

第四，跨文化沟通。在没有共同语言背景的沟通中，身体语言可以发挥其跨文化沟通的特性。许多身体语言信号在不同文化背景中的基本意义是同等或高度接近的。比如，外国人到中国饭馆想点一个鸡翅，在没有翻译工具帮助时，通过身体语言，他也能很好地把需求表达出来。身体语言还有另外一个跨文化优势，那就是易于学习。语言不同的人相互学习语言，也常常是以身体语言为基础的。不过，并不是所有的身体语言都具备跨文化沟通的特性。在不同的文化背景下，有些身体语言传达的信息可能是不同的，甚至完全相反。

第五，简约性。身体语言还具有简约沟通的特殊功能。事实上语言对情感的表达是极其有限的。高明的摄影师抓拍一个真情流露的身体语言动作，就完成了充满生命力的艺术品。身体语言往往更为有效地反映人们的内心情感，我们在倾听一节中也提到过，他说不生气，却攥紧了拳头，她说不伤心，泪水却在眼眶里打转。这些可能更真实、更直接地反映了他们的内心。

非语词沟通可以通过目光、面部表情、手势动作、姿势等实现。

俗话说，眼睛是心灵的窗户。人的情绪、态度和感情的变化，都可以从眼睛显示出来。当人的情绪变得兴奋、愉快时，瞳孔会不自觉地变大。心理学家发现，目光接触是最为重要的身体语言沟通方式。

许多其他身体语言沟通，常常也直接与目光接触有关。如果你看到一个人斜靠在墙边，与任何人没有目光接触，这个姿势可能意味着休息或者回避。而如果与某一个特定的人保持目光接触，这个姿势又可能表示轻视或者暗暗倾慕。如果人际沟通中缺乏目光接触，就很容易变成令人不快或无味的过程。

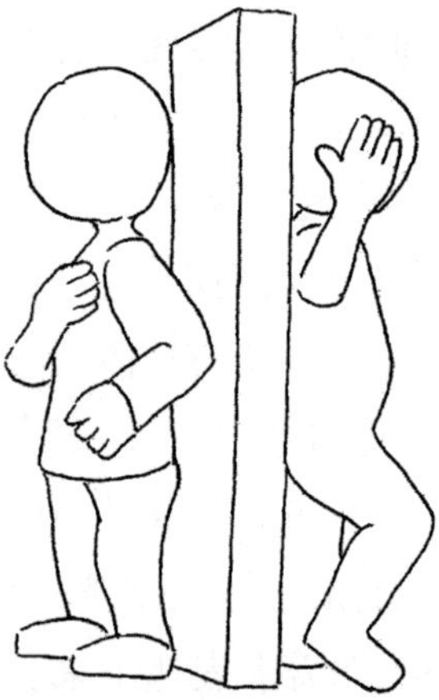

休息或者回避

轻视或者倾慕

目光接触直接表示对对方的注意，使沟通成为完全连续的过程，还可以实现各种情感的交流。仅在接受的维度上，人们就可以用目光接触并准确交流好感、接纳、喜欢、爱意、眷恋等各种不同的情感。人们还可以用目光交流愉快、高兴、兴奋、激动、幸福的感受，传达失落、悲伤、绝望的情绪，还能显示程度不同的惊奇、拒绝、厌恶和恐惧的体验。

目光接触能直接调整和控制沟通者之间的相互作用水平，目光接触的次数和每次接触所维持的时间，是沟通信息量的重要指标。一般来说，沟通者彼此的接纳水平越高，关系越亲密，目光接触的频率就越高，持续的时间也越长。目光可以传达肯定或否定、提醒、监督等信息。在显示肯定或否定意义的同时，常伴有轻微的点头或摇头动作。

面部表情一般比较易于被人察觉，能够及时有效地反映沟通双方的现实性状态。一般情况下，鼻、颊和嘴是表现厌恶的关键部位；眉、额、眼睛和眼睑是表现哀伤的关键部位；嘴、颊和眉、额对于表现愉悦等情绪的作用明显；眼睛和眼睑的变化用来表现恐惧。但如果一个人不想让对方察觉内心，往往也比较容易通过控制面部表情，达到掩饰的目的。

握手是集身体接触与手势动作于一体的沟通方式，也是使用较多、适用范围（无论从情境上还是文化上）较为广泛的非语词沟通行为之一。无论从握手习俗形成的历史，还是从日常与别人握手的目的来说，握手的初衷都是向别人表示友好和接纳。但是，事实上事情并不是这么简单，握手的效果并不是一致的。不同的握手，可以给人以完全不同的感受。短短几秒钟的握手，会把你对别人的真实态度以及你的整个心态都传达给别人。据说海伦·凯勒曾经谈过她与别人握手的感受：有的人握手可以使你感到拒人于千里之外；有的人握手却使你感到温暖；有些人的握手像凛冽的寒风；有些人的握手却充满阳光。

通常的握手方式，是右手往前偏下伸出，迎接别人伸出的手，然后两手虎口相触，手掌紧贴，握住别人的手，小幅度但利索地上下晃动几次。在一般的社交场合，这种方式的握手最为适合。如果是特别郑重的会见，那么晃动的次数可以更多一些。

因为沟通者关系与握手者情感状态不同，人们握手的表现也会不同。比如，老友重逢时，两人可能双手握住，用力晃动，以表达兴奋的心情；好友分别时，常边握手边以左手轻拍对方被握住的手，以表示别情难舍；上级对于自己欣赏的下级，握手时常常以左手轻拍对方的手臂或肩膀，表示赞赏和尊重等。握手也是一种礼仪行为，在社交礼仪一章我们讲过哟！如果你有点记不清楚了，可以回头再温习一下。

姿势可以理解为相对静态的身体动作。对别人表示尊敬，比如与辅导员或者班导师交谈，我们往往要注意坐姿规范、上身挺直并微微前倾。如果对别人的谈话表示不耐烦，则通常会不自觉坐得比较向后，尽量和谈话人拉开距离，这种姿势就表示想尽早结束谈话。

在我们的课堂上，有些同学会双手握拳撑住下巴听课。如果他专注地看着我或者黑板和课件，那么他应该是表达很喜欢我们的课堂内容；但如果他目光黯淡，眼皮都要耷拉下来了，那估计是太困了。姿势传递的非语词沟通信息很直观。

在动态交互的过程中也有非语词沟通，反映了人际空间需要，通过人际距离、副语言等来体现信息。

人与人之间所保持的空间距离，直接反映着彼此相互接纳的水平。心理学家发现，人们需要在自己的周围有一个可以把握的自我空间。虽然这个自我空间会随情境、单位空间内的人员密度、文化背景及个人性格等因素发生变化，但无论是谁，只要他是处于清醒状态，都会有这种拥有自我空间的需要。他走到哪里，也会将这个自我空间带到哪里。一个人的自我空间只允许已经在心理上建立起了安全感、情感上已经接纳的人来分享。

空间距离的接近与情感的接纳水平成正比例关系。情感上接纳水平越高，能够与别人分享的自我空间越多，对空间距离接近的容忍性也越高。只有对那些在情感上已经充分接纳的对象，如恋人之间、亲子之间，人们才能够容忍长时间的有意身体接触。如果没有情感上的相应接纳，则任何人闯入一个人的自我空间，都会被认为是严重侵犯，使人在心理上感受到很大压力，并产生强烈的焦虑体验。

这种体验会迫使人们调整自己与别人的空间距离，直到重新有了完整的自我空间为止。在拥挤的公共汽车上或电梯里，人们的自我空间很小，彼此不得不通过躲避别人的视线和呼吸来表示与别人的距离。无论公共汽车多么拥挤，人们的视线都是朝向窗外，只有熟悉的人谈话时保持一定的目光接触。现在，更多的人把目光都锁定在手机上，以忽略空间距离带来的压力。

有这样一个心理学实验，在刚刚开门的大阅览室里，第一位读者刚进去坐下，研究人员的“托儿”就进去拿椅子坐在他（或她）的旁边。实验进行了整整 80 人次。结果表明，在一个只有两位读者的空旷阅览室里，没有一个被试能够忍受一个陌生人紧挨着自己坐下。如果不是相互熟悉，人们是不能容忍彼此坐得特别靠近的。

研究证明，在单位空间内人员密度很低，人们可以自主选择自己空间位置的情况下，会倾向于需要与人保持一定的距离，保留较大的自我空间，别人侵犯到自己的空间会引起心理上的强烈不适感。而随着单位空间内人员密度增大，更多的空间被别人占据，人们的自我空间也会相应缩小。此时人们即使相邻而坐，也不会构成对别人自我空间的侵犯。

有学者将日常生活中人与人的空间距离分为四类，分别是亲密距离、个人距离、社交距离和公共距离。每一种距离又有近范围与远范围之分。

亲密距离的近范围就是身体的充分或直接接触。人们在近距离沟通的时候更多的是依赖触摸觉，视觉、听觉则退居次要地位。通常情况下，人们只允许情侣或孩子进入这一范围。

亲密距离的远范围为 0.15～0.45 米。这种距离是手臂相互接触拥抱的适当距离，但不能进行身体的全面接触。通常情况下，亲密距离的使用都限于个人环境。在有些国家，一些礼仪或习俗的需要也会在公共场合进行接吻等行为。

个人距离是朋友间进行沟通的适当距离。个人距离的近范围为 0.45～0.76 米。这个距离可以隔断人与人之间的体热和体味交流，同时又可以相互握手，并保持正常的视觉沟通。

个人距离的远范围是0.76～1.22米。在这个距离中沟通双方没有任何触碰的空间，熟人和陌生人都可以进入这个距离。通常情况下，熟人接触更靠近远范围的近端(0.45米)，陌生人更倾向于在远距离的远端(0.76米)进行沟通。

亲密距离和个人距离通常都是在非正式的社交情境中使用，而社交距离则用于正式社交场合。

	近距离	远距离
亲密距离	身体的充分或直接接触	0.15～0.45米，适当距离的接触
	近距离	远距离
个人距离	0.45～0.76米，隔断人与人之间的体热和体味交流	0.76～1.22米，没有接触空间

社交距离的近范围为1.22～2.13米。通常的正式社交活动、社交谈判，人们都会保持这种距离。如果社交活动在更近的空间展开，人们就会有意识地通过姿态把双方的物理距离加大。

社交远距离范围为2.13～3.65米，这个距离适用于更严格、更正式的事务与社交情境的人际距离。在这个距离范围内进行沟通，人们需要提高谈话的音量，需要更充分的目光接触。这种变化会直接增加正式、庄重的气氛。

公共距离是公开演说时演说者与听众所保持的距离。近距离范围为3.65～7.62米，远距离范围为7.62米以上。在公共距离范围内，人们之间的沟通中视觉信息的精确性显著下降。这个距离只适合于演讲和演说。

社交距离	近距离	远距离
	1.22～2.13米，通过姿态把双方的物理距离加大	2.13～3.65米，充分的目光接触，增加正式、庄重的气氛
公共距离	近距离	远距离
	3.65～7.62米	7.62米以上

副语言指除了言语过程中的词语之外，个体发出的各种声音特征，如节奏、音调、音量和速度。比如，说话时气喘、嗓音沙哑或者尖锐、哧哧笑、说话带鼻音、某个字音拉得很长、说话不连贯等。此外，诸如喊、叫、哭、笑、叹气、咳嗽、沉默等也可以看作是副语言现象。

非语词的声音是指包括说话的重音、声调的变化、哭、笑、停顿等非言语内容，但其本身却又传达一定内容的附属信息。语调的变化，可以使字面相同的一句话具有完全不同的含义。比如一句简单的口头语："真棒"，当音调较低，语气肯定时，表示由衷的赞赏；而当音调升高，语气抑扬时，则会变成刻薄的讥讽和幸灾乐祸。

心理学研究发现，低音频是与愉快、烦恼、悲伤的情绪相联系的，而高音频则表示恐惧、惊奇或气愤。有学者认为，鉴别别人说谎的最可靠线索就是声调。不老练的说谎者说谎时会低头或躲避别人的视线；老练的说谎者则可以有意识控制这些慌乱行为，说谎时不仅不脸红、不低头，还能有意识地以平静的表情迎接别人的目光。但是，说谎时声调提高却是不自觉的，可以真实地透露说谎者言不由衷的心态。因此，测谎仪可以通过分析人们说话的节奏、声音的频率、波长等信息来判断当事人是否在说谎。

非语词沟通虽然发生的频率非常高，却容易被忽视，或者说，我们并不一定很擅长去精准捕捉。因此，做好自身非语词沟通能力的训练，更多关注他人的非语词沟通，对人际交往也许会有很大帮助。而这种训练，既可以是在日常生活里自己多关注、多练习，也可以是三五好友一起进行配合性练习，甚至可以参加专门的训练营。

你也可以和朋友们自己练习，并拍照记录。照片可以贴在下面哟！

第四篇

亲密关系，是交往的目标

小W写完了一天的作业，突然发现一条QQ留言撤回的痕迹。这条留言来自一个初中的朋友，平日里交流虽然不算多，但一直没有中断联系。撤回的是什么呢？小W就留言问了一下。

很快对方又留了一条语音：今天和朋友玩真心话大冒险。不想抽到了真心话，要求“跟曾经喜欢的现在还喜欢的人留一条语音”。

小W愣住了，虽然是朋友，但对方是一个腼腆的人，所以其实也不是太了解，完全没有料到对方把这样一份情感持续了这么久，而且当这一份情感展现在自己面前时，并没有激起小W心中的波澜，反倒是有一些茫然。

小W曾经有过很喜欢的对象。自己的心就像平静的湖泊，而对方的一颦一笑都像是投向湖面的小石子，总能激起涟漪。小W想过将来和对方长久地生活在一起，但当对方提出分开的时候，小W依然以对方的幸福为最终目标，没有太挣扎就同意了。

对小W来说，长久的亲密关系可能是像家人那样。父母会一直和姥姥生活在一起，朴素但紧密，姐姐也在大学实习期就回到了家乡，家人之间不太会有甜言蜜语，但始终是彼此的港湾。这种稳定感，不会很激烈，但具有很高的黏性。互相之间很了解彼此，相互依赖且相互信任。这种感觉是小W对亲密关系的追求。

亲密关系概述

大多数人听到亲密关系这个词的时候，脑海里很自然就会浮现出“恋爱关系”。但其实，朋友关系、恋人关系和亲人关系都可以纳入亲密关系的范畴，也都值得我们去学习和关注。

亲密关系是一个复杂的概念，包含许多不同的成分。研究者认为亲密关系和泛泛之交至少在六个方面存在差异：了解程度、关心程度、相互依赖性、相互一致性、信任度以及忠诚度。

首先，亲密关系中，彼此间有着广泛、私人的了解。他们熟知彼此的经历、爱好、情感和心愿，而且一般不会把这些信息透露给其他人。

人们关心对方，彼此能从对方身上感受到更多的关爱。如果人们认为自己的亲密关系对象了解、理解并欣赏自己，其亲密程度就会增加。

相互依赖性是指彼此需要的程度和影响对方的程度。这种相互依赖是频率（经常影响彼此）、强烈（彼此都有显著的影响）、多样（以多种不同的方式影响彼此）和持久的（彼此影响的时间很长）。当人际关系发展到相互依赖的程度时，一方的行为在影响自己的同时也影响到对方。

相互一致性意味着认同双方在生活上的融合，自称为“我们”，而不是“我”和“他/她”。接纳他人的程度是测量相互一致性最生动、最直接的方法。

保持亲密关系的另一个要点是信任，相信对方会善待和尊重自己。人们相信亲密关系不会带来伤害，并期望伴侣能满足自己的要求，关注自己的幸福。

忠诚于亲密关系是希望亲密能持续到地老天荒，并为此不惜投入大量的时间、人力和物力。忠诚一旦丧失，曾经的恩爱情侣、知心朋友也会日渐疏远、貌合神离。

这六个方面未必全部出现在某一个亲密关系中，任何一个要素都可以单独出现。但最令人满意和最有意义的亲密关系，应当包括所有六个特征。

◎ 依恋关系

亲密关系的发展会受到个体经历和经验的影响，受到广泛关注的就是依恋类型。发展心理学家发现，婴儿对其主要抚育者（常为妈妈）的依赖表现出不同的模式。

某些婴儿只要饥饿、尿床和受到惊吓，就能马上得到悉心的照顾和呵护。婴儿哭喊时，慈爱的抚育者总是如约而至，得到此种呵护的小宝贝们就能舒心地依赖他人，觉得他人可以信任，能从别人那里获得安全感。结果，这些儿童就发展出安全型依恋：他们快乐地与他人交往，很容易与他人发展出轻松信任的人际关系。

其他婴儿的情形可能不同。如果大人对孩子的关照无法预测而且并不持续，抚育者有时热情关注，有时却心不在焉、焦急烦躁，有时根本就不出现。这些孩子就会对他人产生焦虑、复杂的情感，这种依恋类型就是焦虑—矛盾型。这些孩子由于不能确定抚育者是否以及何时会回来关照自己，与他人的关系就会变得紧张和过分依赖，表现出对他人的过分贪求。

还有一些婴儿的抚育者在照顾孩子时，带着拒绝或敌对的态度勉强为之。这样的孩子容易认为他人是靠不住的，因而在与他人的关系上畏缩不前，表现出回避型依恋。回避依恋型的孩子经常怀疑和迁怒他人，不容易形成信任和亲密的人际关系。

研究者认为，当儿童面对陌生、危险的环境时，安全型儿童会跑向妈妈，很快安静下来，然后开始勇敢地探索陌生的新环境；焦虑—矛盾型的儿童则会大哭大闹，紧紧抱住妈妈，完全不顾父母的安全保证。回避型的儿童往往躲开大人，保持和父母的距离，即使在害怕时也不愿意发生亲密接触。

成人在处理亲密关系时也会表现出类似的反应方式。有人提出，成人有四种而非三种依恋模式：第一种安全型，和儿童的安全型依恋完全相同。第二种痴迷型（焦虑—矛盾型），这种类型的人若要感觉心安，就得过分地依赖于他人的赞许，所以他们过度地寻求认同，沉溺于人际关系。第三和第四种依恋类型反映了两种不同的“回避型”。恐惧型的人因为害怕被拒绝而极力避免和他人发生亲密关系。虽然他们希望有人喜欢自己，但更担心自己因此离不开别人。相反，疏离型的人认为和他人发生亲密关系得不偿失。他们拒绝和他人相互依赖，因为他们相信自己能自力更生，也不在乎他人是否喜欢自己。

现在普遍认为可以在两个维度的基础上区分这四种依恋类型。首先，人们在回避亲密的程度上有差别，这影响人们接纳相互依赖的亲密关系的难度和信任程度。在亲密关系中感到舒心和轻松的人，回避亲密的程度就低；而与伴侣亲密接触时烦躁不安的人，其回避亲密的程度就高。其次，人们在忧虑被弃的程度上有差别，即害怕他人认为自己没有价值而远离自己。安全型的人在与他人亲密接触中非常安心，不会担心别人会苛刻对待自己；因而能积极快乐地寻求亲密、相互依赖的人际关系。相形之下，其他三种类型的人充满焦虑和不安，在亲密关系中如坐针毡。痴迷型的人渴望亲密接触但害怕被拒绝。疏离型的人并不担心被拒绝，但却不喜欢亲密接触。至于恐惧型的人则两者兼而有之，在亲密关系中坐立不安又担心亲密关系不能长久。

需要注意，回避亲密和忧虑被弃这两个依恋维度能由低到高连续变化。这就意味着，虽然我们能很方便地讨论依恋类型的差异，好像它们不会重叠，是分离、纯粹的类别，但实际上并非如此。最近的依恋研究不再简单地把人们分为安全、痴迷、恐惧或疏远四种类型，而是给出人们在忧虑和回避两个维度中的相对位置。

不过，我们并不会被动地受童年经验的束缚，依恋类型也是不断受到成人后经历的影响。依恋类型既然是习得的，就可能被遗忘。随着时间的推移，依恋类型的确会发生新的改变。一次悲痛欲绝的分手会让原本安全型的人不再安全，一段如胶似漆的恋情也能慢慢让回避亲密的人不再怀疑、戒备亲密感情。在两年之内，足有三分之一的依恋类型可以发生实质变化，令人欣慰的是，不安全依恋比安全依恋更容易改变。

依恋类型只是帮助人们去理解亲密关系的一种理论，它简单明了，所以深入人心，但并不代表它就是解释亲密关系的绝对真理。你可以用它来理解和解释自己，但也要保留思考和质疑，不能一味用它贴标签，这反而不太好。

那么，亲密关系的六个特征，你是否都体验过呢？有些问题你可以慢慢思考，也可以和朋友一起讨论。如果你有新的收获，也欢迎记录下来，并和我们分享。

朋友关系

请回想一下你关系最好的两个朋友。为什么他们和你亲近？为什么你把他们当成朋友？你可能和他们共度过很多美好的时光，他们让你感到舒适安心；你知道他们也喜欢你，如果你需要帮助，他们都是你的依靠。

朋友会带给我们非常多样且复杂的积极情感体验。朋友有时也会让你烦恼，但你还是会喜欢他们。参照前面我们说过的亲密关系的特点，你会发现和最要好的朋友之间的联系非常亲密。你们彼此非常了解，有着高度的信任和忠诚。

友谊是我们获得快乐和支持的必不可少的源泉。人们认为朋友会投桃报李地公平对待自己和欣赏自己，朋友也是危难中寻求安慰和援助的最可靠的人。除了接纳、支持、愉悦、关爱、了解和信任之外，典型的友谊还包括平等（朋友双方的爱好都受到重视）、真实（能够自由自在地展现自我而不用矫揉造作）和尊敬（珍视彼此的才能和决定）等特征。

深厚的友谊虽然不一定像爱情那样充满激情，但具有奖赏价值。最密切的朋友往往是我们尊敬的人，值得尊敬的特质包括令人赞扬的道德品质、对他人的体贴入微、接纳他人、诚实、倾听他人的意愿等。当我们自信地认为朋友会仁慈地对待我们，无私地考虑我们最大的利益时，我们就对他们产生信任。信任使得人们的友谊舒适安心、轻松随意。信任的丧失会侵蚀亲密关系，产生破坏作用。曾被朋友背叛的人常常很难恢复对朋友的信任和对人际关系的满意。

大多数场合下，朋友会对我们的身份和话语感兴趣。他们关注我们，因而表达出他们珍视与我们的朋友关系。他们通常还表现出热情和支

持，让我们感受到理解和关照。这种对我们的需要和兴趣的关注与支持式的认可就是应答性，具有很高的奖赏价值。朋友的关注和支持促进了自我表露、信任和相互依赖，与那些看上去漠不关心的人相比，反应灵敏的伙伴让我们感到非常亲近。好友通常会为我们的成功感到欣喜，他们的兴奋能增加我们的欢乐。我们还会将我们的观念和能力与朋友比较，以便更好地理解我们自己。当我们需要援助时，可以依靠那些更容易作出回应的朋友。

虽然，随着时代的发展，性别差异在很多方面发生了变化，但就当下而言，友谊依旧存在一定的性别差异。研究表明，女性之间的友谊以情感分享和自我表露为主要特征，而男性友谊则大多围绕着共同活动、相伴相随和搞笑娱乐展开。多年前有学者提出两个精辟的描述语：女性的友谊是“面对面”，而男性的友谊则是“肩并肩”。

友谊的性别差异表现在：(1) 女性朋友间电话(口头语言)交谈的时间更多；(2) 女性更多探讨人际关系和私人问题，而男性更多交流客观事件，比如体育赛事等；(3) 女性进行的自我袒露多于男性；(4) 女性给予朋友的感情支持多于男性；(5) 女性在友谊中比男性表达出更多的爱意和温情。总体来说，女性之间的友谊往往比男性更亲切、紧密。女性在爱情关系之外仍会向朋友寻求敏感、体贴的理解和支持，而男性则相对困难。

如果我们所期待的友谊与当前实际存在较大差距，可能会产生令人不悦的孤独体验。孤独与独处是不一样的。在完全独处的状态下，我们也可能感到满足，因为有时独处也是人的正常需求。相反，当我们想拥有与他人更多、更亲密的接触却不能实现时，就会产生孤独感。要克服孤独，首先应该寻求的是友谊，而不是爱情。

如果你正处于孤独，小心自己的任何乖戾、自我挫败态度。如果你能采用更积极的方法——关注他人的优秀品质，向他们展现自己的友善，并且耐心地承认友谊的建立需要花费时间——就可能会获得与他人更有价值的交往。

美好的友谊，会带着我们走向美丽的精神花园。写一写你对朋友关系的认识和感受吧！

大学校园里的朋友关系

◎ 室友关系

有这样一个案例：

> 我们寝室的人曾经关系都很好，我们寝室多次被评为系模范寝室，每个人都学习认真，关系融洽，在寝室，我们真的像家人一样，一起看电影，一起上课，一起说笑，还经常一起出去改善生活，让其他寝室的人很是羡慕。我一度很庆幸能遇到这样的室友。但是大三下学期，室友关系出现了问题。也许是还有一年要毕业或者是要准备考研而压力大的缘故，四个人之间的关系渐渐发生了质的变化，变得似乎很陌生，在寝室里也没有话说，到期末考试的前几天我们大吵了一架，有一个人搬了出去。这在我们系成了别人议论的话题，谁也没有料到我们寝室会变成这样。往日的欢笑再也没有了，我们天天宁可上自习，也不想待在寝室。想一想大学几年同在一个寝室，现在变成了这样，心里感觉空荡荡的，也挺难受的。

大学寝室的人际关系重要又脆弱，是大学生社会化过程中人际关系的集中反映。

大学生活里最早的亲密关系很可能是在寝室里产生的。因为寝室具有天时地利的优势，如果再加上人和，美好的大学生活体验就会很自然地感受到。

最初相遇时，大多数人都会展现友善的一面。但同一个屋檐下，很多分歧是无法掩盖的。比如，有的同学很注意个人卫生，而有的同学则会把脏衣服臭袜子都堆在一起；有的同学喜欢在寝室里安安静静地看书，有的则喜欢在寝室聊天、听音乐、打游戏。寝室冲突常常源于生活细节。

成长背景不同、经济条件差异也会影响室友关系。比如，“寝室住四个人，有三个来自大城市，只有我一个人是从小地方来的。不是她们对我不好，只是我觉得跟她们确实没有什么共同语言，也没办法融入她们的生活。她们不会为经济担忧，假期会出国玩，见识很广，而我很在意学习成绩、也忙于勤工俭学。就算是有时候说上几句话，她们讲的很多事情我没有经历也没有听说，插不上话，就渐渐很少参与她们的谈话了。”家庭经济条件好的同学尽力不张扬，但由于小心翼翼地相处，关系似乎无法深入。

而当竞争不可避免地出现时，利益冲突更容易造成寝室关系矛盾，产生彼此回避的倾向。再就是，一些大学生在中学埋头于学业，缺乏充分人际交往锻炼，或在家中过于娇惯，较为自我中心，不太会从他人角度考虑问题，也容易和室友产生矛盾。

朝夕相对的室友间产生小矛盾小分歧是在所难免的，鸡毛蒜皮的小事如果能够及时沟通解决并不会真正影响室友关系。出现严重的问题，往往是因为矛盾和冲突得不到及时解决，经年累月的积累就会导致各种误会和不和睦，直至爆发激烈冲突，甚至会诱发心理疾病。让我们来看看怎样可以建立良好的寝室关系吧！

第一，尊重。以彼此尊重为出发点，是室友关系建立的重要基础。尊重，不是一个概念或者一句口头禅，而是要在内心和言行中尊重他人的生活方式、思维方式，真诚地理解和接纳。就算是有分歧，也要以尊重为出发点去沟通，才更有可能达成一致。尊重还意味着不越界，不侵犯他人隐私，不随意传播室友的隐私，不能因为住在同一个屋檐下，就忽视了必要的界限，产生“你的就是我的”的错觉。

第二，宽容。同一屋檐下，总会遇到有人做得让我们不满意，或者有些习惯或者做法干扰和影响了我们，如果不是原则性的问题，就可以宽容一点去对待。有同学在笔者的课堂分享过，寝室同学打呼噜特别响，吵到自己休息。这引起了很多同学的共感，纷纷表示也有这样的困扰。有同学表示，如果打呼噜只是偶然，相信很多人能包容，因为人都会有很疲劳的时候，这就是同理心，但如果一直持续，可能就要考虑使用耳塞等辅助睡眠工具。但是更多同学表示很想换寝室，或者说如果一个人住一间不就好了吗？但适应环境对我们来说，其实也是非常重要的。打呼噜可能会带来困扰，但和打呼噜的人相处可能也会带来很多愉快和收获。所以以更包容的心态去对待，多想一些应对方法，也许还是可以坚持的。之后，有学生反馈，当没那么强烈地想要彻底解决这个问题之后，反而渐渐不再受到那么严重的影响。这就是宽容带来的积极影响。

第三，互助。寝室是一个小环境，需要良好的合作意识和主动为他人服务的精神室友生病时主动关心、主动照顾，遇到学习压力时互相鼓励、共同探究难题。互助带来的影响，可能远远超出我们的想象。哪怕只是细碎的生活小事，相互关心帮助都会加深友谊。

第四，真诚。如果你对前文记忆深刻，一定还记得，这是人际交往的基本原则，但依旧是寝室关系中值得重点重申的建议。诚恳的态度、真心为大家好、在情感上真正关怀和重视室友，这些都能被对方感知到。真诚的内在动机会推动寝室有更多集体活动，推进室友之间更多地沟通交流、更多地互相理解，从而拥有更好的室友关系。

很多人回顾校园时光，都会觉得室友关系对自己的影响是很大的。

从陌生到了解，从了解到熟悉，从和谐到冲突，从矛盾到缓和，室友相处的过程几乎能够经历人际关系发展的全部环节。一天的紧张学习之后，回到温馨的寝室，或畅谈自己的生活趣事，或倾吐心中的苦闷，会让人感到家的温暖。

◎ 同学关系

校园期间的朋友关系不仅仅有室友关系，还有同学关系。同学关系可能包含同班同学、同院同学和同校同学，甚至是外校同学。

绝大多数同班同学是同专业的，或者至少在低年级有共同修读的基础课程，还有班级活动来促进同一个班级同学的交往，接触和相处的机会较多。因为同专业或者修读课程相近，互相之间的共同语言也会更多，至少在学业上的交流和互助会更多、更容易，班级学生干部会在学生工作事务过程中有较多接触和合作，再者就是同班同学在共同为班级荣誉努力的过程中，也能加深关系。所以，对很多青年学生而言，同班同学建立朋友关系最常见也最容易。

但同班同学在学业、升造和就业发展上的竞争状态也是难以避免的，因此彼此之间的关系也很容易受到利益竞争的影响而疏远。

有些同学不但和室友、同班同学相处得好，和同院或同校同学也都相处得很好，这是他们擅长建立和发展各种人际关系。但也有不少同学是因为在室友关系和同班同学关系中没有获得有效的需求满足，所以在同学院或者同校的人际互动过程中寻求朋友关系，以此满足自己人际交往的需求。通常在公共选修课程、大型公开讲座、全院或全校学生文化素质、体育运动赛事等场合会有这样的机会。一次偶然的攀谈，一份温暖的鼓励，或是一个小小的误会，都有可能会发展出朋友关系。但这样的朋友关系需要投入更多的时间和精力维持和发展，因为时空交集相对较少，容易冷淡或者渐渐疏离。

◎ 师生关系

有不少青年学生认为，“在大部分课堂上，老师讲老师的课，学生做自

己的事，很少交流。即使交流，也是你问我答的形式。在课堂上提问，实际上就是随机点名。”或者觉得，“在课下的时候，也很想跟老师交流，可感觉自己的知识水平低，害怕和老师交流时会暴露缺陷，所以不敢和老师交流。”

学生期望老师是充满活力和激情的，也期待师生关系是融洽的，但期待和现实不一定都一致。而且因为大多数师生都有年龄差距，代际差别始终存在。很多青年学生虽然注重和同学建立良好的人际关系，却往往会忽视和老师的沟通与交流，更不要说主动和老师建立并维持良好的关系。即便是遇到困难，大多数人首先想到的是家人和朋友，老师只是最后的选择。校园里，如果不是存在工作上的交集，师生之间的主要交流就是在课堂上授课与听课、提问与回答，课下的交流更多就是电子邮件或者网络留言。

但事实上，很多老师很愿意和学生多沟通、多交流，良师也极可能发展为益友。从青年学生的角度来看，做些什么能获得更好的师生关系呢？其实很简单，不外乎就是尊重、理解和主动交往。

尊重体现在认真听课，主动遵守课堂纪律，不逃课，不在课堂主动做出破坏课堂氛围的行为，如果确有事情与上课冲突，认真履行请假手续。在与老师的沟通中有效运用社交礼仪表达尊重。

理解就是对老师的认真授课表达认可，如果遇到了表现不佳的老师，或老师偶尔状态不对，可以尝试去了解原因，如果老师遇到了困难，也可以给予一些鼓励和支持，可以反馈老师的表现不佳，督促其改变；如果遇到老师误解了自己或自己的对评价欠公正，也应保持相对理性的态度，主动积极地沟通，设法让老师了解或理解你，不恶语相向或者威胁争吵。

就一个课堂而言，一位老师要面对很多的学生，但一个学生面对的可能只是一位老师。在交往过程中，学生对老师的单向注意更早发生，如果要进入双向注意，很显然需要学生主动一点。对学业上的疑问或者不同的见解可以多向老师请教，在请教与讨论中学习知识，学习教师治学的方法，分析解决问题的方法；对班级的意见和建议可以与辅导员班主任交流，也可为辅导员班主任做些教学和管理中力所能及的工作；确有必要和某位老师面谈，事先可自拟小提纲，以便保持思路清楚等。

师生关系的最佳状态是既是良师也是益友，但不能只等待一位亲和友善的老师来主动和你建立这样的关系，而是可以更主动地去和老师接触、互动，并最终建立良好的师生关系。

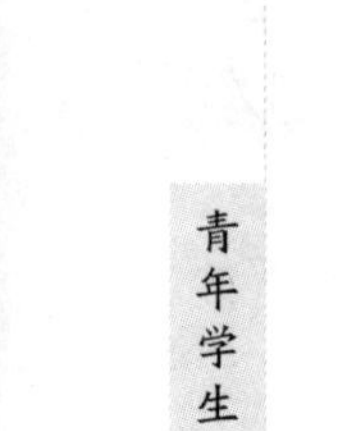

恋爱关系

最初你关注到这本书，是不是“交往”这个词吸引你了呢？

很多人听到“交往训练”会不自觉以为是教人如何谈恋爱或者说如何获得恋爱关系的训练。但你读到这里，肯定已经发现，如何与人建立关系和相处、提高交朋友的能力才是本书的重点。

如果学会了如何与人相处，爱情有可能会更容易发生。恋爱关系是非常具有吸引力的话题，我们自然是要说一说的。

◎ 爱情三角理论

关于爱情的理论有很多，我们重点给大家介绍“爱情三角理论”。罗伯特・斯腾伯格认为爱情有三个构成成分：第一个成分是亲密，包括热情、理解、沟通、支持和分享等恋爱关系中常见的特征。第二个成分是激情，主要特征为性的唤醒和欲望。激情常以性渴望的形式出现，但任何能使伴侣感到满足的强烈情感需要都可以归入此类。第三个成分是忠诚

（又可称为承诺），指投身于爱情和努力维护爱情的决心。忠诚（承诺）在本质上主要是认知性的，而亲密是情感性的，激情则是一种动机或者驱动力。恋爱关系的“火热”来自激情，温情来自亲密；相形之下，忠诚（承诺）反映的则是决策。

为什么叫“爱情三角理论”呢？看到下面这幅图，你就会清楚。

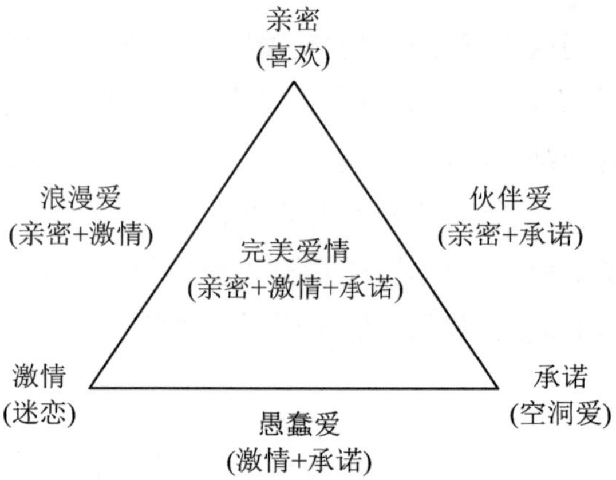

这三个成分是爱情三角形的三条边。每个成分的强度都可由低到高地变化，所以爱情三角形可能有各种大小和形状。

如果亲密、激情和忠诚三者都缺失，爱情就不存在。两个人可能仅仅是泛泛之交，连朋友都不是，彼此的关系是随意、肤浅和不受约束的。

当亲密程度高，而激情和忠诚都非常低时，就是喜欢。喜欢多表现在友谊之中，伙伴双方有着真正的亲近和温情，却不会唤起激情或与对方共度余生的期望。如果某个朋友的确能唤起你的激情，或当他/她离开的时候你会强烈地思慕，那么你们之间的关系可能已经超越了喜欢。

缺乏亲密或忠诚，却有着强烈的激情，即迷恋。当人们被几乎不认识的人激起欲望时，就会有这种体验。斯腾伯格说自己曾经痛苦地痴恋过一位在十年级生物课堂上从未说过话的女生，为她衣带渐宽却从来没有勇气去认识她。

没有亲密或激情的忠诚就是空虚的爱。这种爱常见于激情燃尽的爱情关系中，既没有温情也没有激情，仅仅在一起过日子。

斯滕伯格认为这几种类型都缺失爱情的一些重要成分。实际上，爱情是三种成分多元组合的复杂形态。

浪漫的爱情有着强烈的亲密和激情，是喜欢和迷恋的结合。斯腾伯格认为忠诚（承诺）并非浪漫之爱的典型特征。比如，有些人一直恋爱，却不愿意走入婚姻，也不愿意承诺保持排他性的恋爱关系。

亲密和忠诚（承诺）结合在一起所形成的爱就是相伴之爱。相伴之爱的双方会努力维持深刻、长期的友谊，表现出亲近、沟通、分享以及对爱情关系的巨大投入。相伴之爱的典型例子是长久而幸福的婚姻，尽管年轻时的激情已逐渐减弱甚至消失。

而缺失亲密，只有激情和忠诚（承诺）会产生愚昧之爱。这种爱情会发生在旋风般的求爱中，在压倒一切的激情的基础上，双方闪电般地快速结婚，但彼此并不十分了解或喜欢对方。在某种意义上，这样的爱人在迷恋对方时投入太多——很可能得不偿失。

当爱情的三个成分，亲密、激情和忠诚都非常充足时，人们就能体验到“彻底的”或完美的爱情。这是许多人都追求的爱情类型，但斯腾伯格认为完美之爱非常类似于减肥：短时间里容易做到，但很难长久坚持。

◎ 依恋类型对恋人关系的影响

还记得前面我们提到的依恋类型吗？不少学者都认为依恋类型对恋人关系有很深刻的影响。依恋的两个维度：忧虑被弃和回避亲密非常重要，因为它们与爱情的所有成分都有关系：亲密、激情、忠诚（承诺）和关爱。

安全依恋型的人一般很重视他人，认为他人值得信任、可以依赖和心地善良。所以，他们对自己的伴侣很坦诚，心情愉快地进行大量的自我袒露。而那些不安全型的人则对他人持有戒心。高回避的人一般会怀疑他人，认为别人不诚实、靠不住，所以他们沉默寡言，很少对伴侣诉说自己的情感和愿望。所以，依恋类型中安全型的人与不安全型的人相比，与伴侣的关系更加亲密。

痴迷型的人的生活存在很多戏剧性场景，但大部分并不轻松愉快。

忧虑被人抛弃常常使他们紧张不安。在亲密交往时，他们体验到的更多是提心吊胆的忧虑而不是幸福快乐。回避亲密的人则更为疏远冷漠，他们的激情更加不带有个人色彩。

安全型的人比不安全型的人更加忠诚于他们的伴侣关系。这一点也不奇怪，因为安全型的人比不安全型的人有更多更亲密、更积极、更满意的交往。当伴侣紧张不安，需要支持时，不安全型的人并不是有效的关爱者，与安全型的人相比，他们提供的安慰更少，也不能让伴侣放心。当危难中的伴侣请求安慰和支持时，高回避的人的行为更消极，有时还会变得恼怒。焦虑型的人经常会提供很多帮助，但他们更多是为了自己，因为他们希望获得伴侣的赞许。

◎ 恋爱关系中的性别差异

恋爱关系中的性别差异是存在的，但从整体来看，共同点多于不同点。实际生活中，我们常常看到，女性在恋爱关系中体验到的情感比男性可能更强烈、更多变；男性则更可能相信“一见钟情”式的爱情体验，往往比女性更容易坠入爱河；男女两性都认同爱情应该温情脉脉、忠贞不渝，但男性比女性更在意恋爱关系中的激情；女性在发展恋人关系方面比男性更为谨慎，对恋爱对象选择更为挑剔，更迟缓地感受到激情，更容易将爱慕之情限制在适配价值更高的伴侣身上，这些都是基于进化心理视角来谈的。而社会文化模型认为女性之所以有着更苛刻的择偶标准，是因为传统上她们的社会地位更低；根据这一观点，女性仔细地选择社会地位高的配偶，是她们取得男性所控制资源的为数不多的方法之一。

◎ 时间对爱情的影响

很多人都会好奇，时间的流逝会怎样影响爱情和恋爱关系？激情能长久存在吗？这是很难给出明确结论的问题。沉浸在浪漫激情中的青年男女发誓要共度余生，并希望爱情始终热烈，充满激情。尽管恋人们有着美好的愿望，但心理学家给出的回答却是：很困难，至少达不到伴侣们所期望的程度。随着时间的流逝，人们在浪漫和激情方面会下降。恋爱时

间一长，恋人们很可能就不会再像最初那样真心诚意地声称，彼此愿意为对方做任何事情，或者在互相凝视对方的双眸时，根本不会有陶醉的感觉。但亲密可能会随着时间的流逝不断提升，如果恋人之间互相关心爱护，沟通顺畅，携手同行，共同成长，那么他们的恋人关系还是会非常稳定，并且依旧会有甜蜜感。如果恋人都承诺会投身于爱情并致力于推动爱情的持续，愿意并真正持续为此而努力，恋人关系会维持很久，爱情也会维持很久。

但不管怎样，依旧有很多人想要发展恋爱关系，那就让我们一起来看看恋爱关系发展的过程吧！书面能呈现出来的，肯定与现实有区别，这里只是对很多现实情况的概括，真正的实践肯定是非常个性化的。你愿意写下你的经历或者思考吗？

◎ 恋爱关系的发展进程

一般来说，恋爱关系的起点是朋友关系。一见钟情，从陌生人直接进入恋人关系的案例虽然有，但并不常见。更多是先从陌生人到认识，成为朋友，彼此欣赏喜欢，不断加深接触，才慢慢发展出恋爱关系。

当然，激情在双方出现的时间不一样。有可能是一个人渐渐发现自己对一个朋友经常想念思慕，想有更多时间在一起，看到对方和别人比较亲密会有点不开心或者失落，甚至羡慕或者嫉妒，进而感受到自己的情感似乎已经发生了变化，而后更加主动地进行交往，促使双方关系逐步深入。

那么从朋友变成恋人，大多数情况下需要相对明确的表白来推动转变。最理想的当然是双方都有想法，也许一个确认的眼神、一个欣然的微笑、一个自然的牵手，就推动了关系的变化。但也可能是一方的激情程度较高，率先向另一方表达了自己的心意，希望获得对方的接纳，转入恋爱关系。

表白的途径有很多。可以直接当面表达，也可以写一封充满感情的情书，现代很多大学生还喜欢用网络工具来表白。直接当面表达，可能是非常普通随意的场景，也可能是专门安排的场合或还有很多精心的布置；情书一般而言是手写，如果表白用一封打印件，可能过于正式反而冲淡了浪漫，甚至让人有点不习惯。当然，如果打印带来的效果更好，也是可以的；而运用网络工具，一方面是网络深入每个人的生活，另一方面是有些人因为害怕失败，觉得当面被拒绝会很尴尬或者怕情书写得不好；还有一些人可能就是在游戏里相处得特别好，所以在网络游戏里表白也显得非常自然。不过网络游戏里的表白也容易被误认为只是游戏，所以不是特别好的途径。

如果表白成功，两个人从朋友关系转变为恋爱关系，就可能会变得更加亲密，早期阶段会更容易充满激情，看到对方时更加愉悦，没和对方在一起时更加思念，会有很多不自觉的甜言蜜语和海誓山盟，这可能是因为当人们坠入爱河时，多巴胺水平会上升，从而引起兴奋和信息，而5-羟色胺水平会下降会给予人们足够的能量不知疲倦地和恋人互动。

如果表白失败了呢？表白方会感受到失恋，情绪低落，被表白方也可能会感到尴尬，不好意思继续像从前一样的朋友关系。要想自然地相处，可能需要一个过程。

恋爱关系确立后，相恋过程中也可能会出现很多的分歧和矛盾。因为一开始，更多看到的都是美好的一面，这也是驱使人们想要更加接近的原因，但作为恋人，在很近的人际距离下相处久了，原本可能被忽视的弱点和缺点自然会暴露出来。所以，更需要有效地运用交往的原则、用积极的态度和建设性的方法，才能保障关系的稳定和持续。

◎ 失恋

不管怎样，只要有恋爱关系的建立，就有可能会面临恋爱关系的破裂，这和表白失败时候的状态有相近之处，但也会有程度差异。失恋的命运无法完全回避，也导致一些人，因为害怕失恋而不敢恋爱。

虽然失恋确实难受，但因噎废食也没必要。如果失恋了，人们会有怎样的反应，要如何面对失恋呢？让我们了解一下失恋后的五个阶段，并谈一谈如何面对失恋吧！

第一，拒绝。刚失恋时，许多人都不愿意承认、不想接受自己已经分手的事实。身体和心理都很难接受另一个人的离开，开始变得矛盾、自抑，拒绝接受自身和生活环境的改变。

第二，愤怒。一段亲密关系的建立和持续，往往会在彼此生活中留下很多交织的内容，恋人常常被我们纳入自我概念的一部分，分手后的痛苦里，包含了对自我的失去——自我概念中的一部分被抠出，是自己不愿意却又毫无办法的，因此人们会愤怒。

第三，交涉。绝大多数人失恋后都试图挽回，在这个过程中，被执念、不甘、偏执、无奈等负面情绪围绕。

第四，抑郁。失恋的人通常情绪低落、感觉压抑，甚至会失眠，每天在巨大的痛苦中，反复思考“怎么会分手呢？”“他/她到底有没有爱过我？”等问题。这种抑郁状态如果持续很久不能改善，很有可能造成未来的亲密关系障碍。

第五，接受。慢慢地、开始接受对方的离开。

许多人会遭遇的五个阶段，但并不一定是按这样的顺序，甚至有些人也不见得出现五个阶段。每个人的自我修复力不一样，需要的修复时间也不一样。有些人时间短，有些人时间长。值得一提的是，被背叛的人，比正常分手的人，有更大的概率出现情感障碍。他们更容易受伤，产生自我评价低的认知障碍，常常陷入“是不是我不好”的认知困境。

不管是为了自己能更好地生活，还是为了让我们曾经爱过的人不要有太大压力，走出失恋都是很有必要的。

首先，要重建自我。前面我们说，在恋爱关系中，自我认同受到恋人的极大影响，甚至自我概念中包含了恋人。当恋爱关系破裂时，自我认同就受到了冲击，对方的离开，让自我概念似乎也缺失了一块。所以对自我进行重新的探索和认识，逐渐认同失去了恋人的自己，重新建立自信就很重要。可以去做一些完善自己的事情，比如提升外表或投身工作做出成绩，将注意力更多投注在自己爱好的事情上，感受自己的生理自我和社会自我的发展，多关注积极的情感体验。

同时，不要压抑和对抗自己的负面情绪，向人倾诉是非常重要的恢复手段。向家人、朋友甚至陌生人表达痛苦、失落、怀疑、忧伤。在社会支持系统的帮助下，缓解情绪压力，同时也通过自我袒露不断澄清自己，通过他人的反馈来明确新的自我概念。

并且，可以和老朋友多互动，也可以尝试去建立新的人际关系，照顾好自己，保证自己有足够的睡眠、健康的饮食、稳定的锻炼。

如果实在没办法通过这些途径调整，也可以考虑寻求心理援助，开放自己的内心，重新构建达到复原甚至是更好的发展。

不必试图在很短的时间内就彻底不受失恋的影响，也不必试图还维持与分手对象做朋友。你们可以短暂地分离，人际关系之轮不可逆，但是可以持续向前。即便这时暂停了，之后如果想要继续发展朋友关系，还是有机会的。

失恋也不是恋爱关系的终点，因为还有下一段恋爱关系值得期待。

在恋爱的起点上要努力向往着天长地久，不必害怕最后只能曾经拥有；在恋爱的过程中，真诚投入、用心维护，体会爱情带来的美好和成长动力，用积极正向的态度面对恋爱中的分歧和冲突，让自己爱与被爱的能力

不断提升；在恋爱关系结束后，不对他人痴缠烦扰，不对自己自暴自弃，努力让自己变得更好，等待着下一次相遇就好。

当然，希望你已经拥有美好的爱情，如果你还没遇到，那么祝福你获得爱情，并且不用波折就能一直拥有它直到最后。

你可以用拍照、绘画以及其他任何形式来记录和表达对爱情的感受和思考。

亲子关系

“我已经上大学了，但是我父母还是管头管脚、管东管西。”

“明明对我的专业也不了解，还总是问我学习内容。我每天学习挺累的，不想再跟他们多说什么。”

“我只是打游戏稍微放松一下，他们就担心我沉迷游戏了。”

“一开始，他们担心我如果恋爱了会影响学习，但是一听说我们学校很多毕业生还没有女朋友，又希望我能够早点谈恋爱。”

不少青年学生会觉得父母不够理解自己，跟自己的观念和爱好可能有明显差异，不会有效沟通，对子女只会约束，也不懂得引导，或者为了实现父母没有实现的理想而督促自己努力奋斗。

但不可否认的是，也有不少青年学生觉得自己的父母开明，能跟得上时代的步伐，关爱自己，也能给自己一些人生的引导。所以从年轻人的角度来看，发展更好的亲子关系需要了解什么呢？我们在这里试着聊一聊。

父母跟子女之间有差异实在太正常了。毕竟年龄、成长背景、人生经历都不同。父母和子女看待同一件事情的出发点和思考过程常有区别。

父母因为长期处于社会化过程中，会更在意规范性，同时也因为经历了人生的变化，会更希望能够把自己的经验用于孩子的发展上，避免孩子走弯路或者经历自己曾经经历的挫折；而青年学生正处于青春期晚期和青年期早期，这个时期既有寻求自我同一性的需要，自我意识强烈但又感到迷茫，也有寻求亲密关系的冲动，并且渴望能够由自己主导生活中的全部事情，但往往又会觉得能力不足或经验不够。

孩子对父母的期待，有时候就像打游戏，特别希望有厉害的队友，能默契合作或者带着一路通关，但却非常不喜欢遇到游戏能力弱还喜欢指

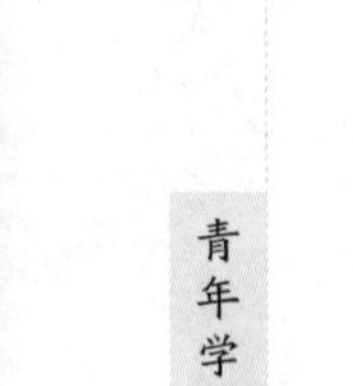

手画脚的队友；但实际上，尽管父母有较多的人生阅历，却没有天生获得优秀的经验来轻易了解孩子的需求，理解孩子的心情，呵护孩子的感受，梳理孩子的困惑，解除孩子的压力。如果父母能做到如此完美，那么孩子岂不是成了自己讨厌的“猪队友”了吗？

亲子关系依旧遵循人际交往的基本原则。（如果不记得了，可以翻看前文复习一下哟！）

我们可以反问自己，我们了解父母的需求吗？

理解他们的心情吗？

呵护他们的感受吗？

能梳理他们的困惑吗？

能解除他们的压力吗？

如果我们也没有做到，或者说有时候不想做到，也感觉很难做到，那么同样，我们就可以更多地理解父母，更多地接纳彼此间的分歧，更多地冷静下来，化解一时的矛盾，达到长期的和谐。所以，除了真诚、尊重彼此，同理心，倾听、自我袒露这些都是可以用起来的。

亲子关系既然属于亲密关系，那么就可以用概述中的几项特征来看。

第一，了解程度。父母对子女肯定有所了解，孩子的一些经历、爱好、情感和心愿，他们可能是知道的。就算是知道得不够具体和详细，父母也是很好奇的，通常父母是比较主动想要对孩子加深了解的。而孩子是否表达，表达到什么程度，是一种自主状态，当然也受到表达后父母的反应的影响。有些亲子关系非常亲密，就体现在了解程度很深这一点。但换个视角来说，亲子关系中的了解程度，不仅强调父母对孩子的了解程度，也强调孩子对父母的了解程度。孩子是否好奇父母年轻时候的经历呢？他们有怎样的兴趣爱好呢？他们的过往和现在遇到过什么呢？主动地去了解父母也许不太容易，但肯定是有意义的。

第二，关心彼此。亲子关系中，大多都能感受到彼此的关爱。但有时会忽视或没有获得朋友和恋人的关爱带来的愉悦感高。这可能是因为亲情中的情感体验比较持久，进而情绪高峰体验不强，也可能是因为关系持续时间久，情感表达相对较弱。我们曾经在上课时让学生给父母的 QQ

或者微信发一句留言：爸爸/妈妈，我爱你。结果有学生说，对方立刻回复问："是不是缺钱了？"有些父母在听到子女说"我爱你"时，第一反应是孩子一定是有什么需要没有被满足，所以来找自己。虽然这个反应并不是最理想的状态，但也表明了父母是关心孩子的。大多数父母不会回复"我也爱你"，因为亲子关系中的情感表达通常都是有限的，更多是各种需求的满足。但如果我们让情感表达更加常见，也许亲子关系就会发生意想不到的变化。

第三，相互依赖性。这是彼此需要的程度和影响对方的程度。不仅仅是孩子依赖父母，父母其实也是非常依赖孩子的。但如何让彼此的依赖变成互相的支持，而不是过度的约束，这一点是双方都要去努力的事。虽然大学生要学习独立，但并不妨碍对父母表达依赖，甚至也可以向父母展现自己的能力，让父母知道自己也可以成为对方的依赖者，让这些埋在内心的需求更加清晰地呈现出来。

第四，信任也是亲子关系里非常重要的内容。亲子矛盾中不少是信任出现了问题。比如，孩子认为父母不信任自己，总是偷偷从别处去了解自己有没有玩游戏过度、有没有学习不认真、有没有做得不当的地方，甚至被孩子发现后，父母答应了不再这样，却还是不信任孩子；但有些父母也常会体验到孩子保证不再沉迷游戏，保证好好学习，强调不需要监督，却无法做到，父母虽然不愿意却会不自觉地觉得孩子不值得被信任。这样矛盾和冲突就会增多甚至激化，孩子比父母更强烈地体验到不满意和不被尊重。

诚然，父母如果要求过高，抓得太紧，那么是需要调整的。青年学生绝大多数都成年了，应该给予其充分的尊重和信任，而且要给予空间让其发展独立性，学习自控；但如果孩子认识到自己不能有效自控，容易出现过度沉溺，那么信任父母的监督反而更为必要。

本书主要是写给青年学生看的，所以很多建议都是对年轻人说的。和谐的亲子关系，不可能单单依靠一方来实现，既然我们希望被父母尊重和认可，被当作一个成年个体来对待，那么从自身出发，就更要做好自己，认识自我，发展自我，发展有效的人际关系，有理想并为实现理想而设定

目标，拟定计划，不断成长；也要关心自己的父母，用真诚、平等的原则来对待亲子关系。

当然，如果你是一位拥有父母身份的人，希望你看到这里的时候，也能有思考和行动，不要只等着孩子行动和变化，和他/她一起努力吧！

我们能做到的，比我们想象的可能还要多！

第五篇

人际吸引，是交往的动能

那是一个春天的夜晚，小懿走出宿舍楼门开始寻找好友小静的身影，一边寻觅一边走下台阶，在台阶的末端，看到了小静，她正和一个瘦瘦高高的男生聊天。小懿跟小静打了声招呼，打断了二人的交谈，男孩看了小懿一眼，眼睛亮亮的，但是表情酷酷的。

接下来，小懿一行人伴随着夜色前往火车站。这是小懿第一次坐夜车出门，但是因为有好友同行，小懿没有感觉到恐惧，反倒是有一种非常新鲜的感觉。

第二天，山路陡峭，突然遇到一个小岔路，一块大石头竖在山路中间，产生了两条路的感觉，走在前面四个人都选择了宽的一边通行，但小懿非常好奇，走窄的一边会怎样，会走上另一条路，还是绕过了石头又合并到一起？她迟疑了一下，这时一个身影从身边掠过，是那个男孩，他轻松地自然地走向了窄的一边。小懿有些意外却又似乎有些开心，紧跟着也走了过去，果然是合并到一起，并没有和大家走散，但似乎同行的八个人只有他俩走了这一边。

下山的时候，刚刚下完一场雪。山路结了冰还覆盖着雪。为了赶回学校，大家顾不得危险，只能一个个前后跟着下山，女孩们有点害怕想牵手，那个男孩认真地提醒大家不要牵手，要慢，要注意安全。他走在全部的人前面，不停地说着话引导大家，仿佛来过这山一样，让人感觉到安心。

又是一趟夜车，回到校园，迎着初升的太阳，小懿似乎感觉到心中有什么在悄然发生。

人际吸引的社会心理基础

人与人之间的联系是神奇的，交往中常常发生“有心栽花花不开，无意插柳柳成荫”的现象。

有些人似乎经常在一起，却在一段时间后渐行渐远，而另一些人虽萍水相逢，却很快成为亲密的朋友，彼此间很快发展起充分的信赖和良好的关系。

什么促使人际吸引发生？为什么会产生人际吸引呢？让我们首先来了解一下人际吸引的社会心理基础。

人际吸引是人与人之间的相互接纳和喜欢。人需要和别人交往，并建立和保持良好的人际关系。引发人们交往意愿与行为的具体动机很多，但从社会心理学的角度来看，所有这些复杂的具体动机，都可以归结为人们对于确立自我价值、安全、交往以及独处的需要。

◎ 获得明确的自我价值感

为了使自己的人生具有价值，获得明确的自我价值感，人需要了解别人，需要通过别人来了解自己，需要爱与被爱，需要归属和依赖，需要助人或得到别人帮助，需要有机会显示自己的优越或展现自己的专长等。所有这些，都使人需要同别人进行交往，需要建立并保持一定的人际关系。

当自我价值得到确立时，人在主观上就会产生一种更加自信、高自尊和自我稳定的感受。人生有价值，生活才富有意义并使人充满生活的热情。相反，如果一个人的自我价值感得不到确立，就容易自卑、自贬、自暴自弃。如果，自我价值感完全丧失，人生不再有意义的支撑，人就很可能会走上自毁、自绝的道路。

人的自我价值感确立，需要通过社会比较过程来实现。一个人用来进行自我评判的价值标准，也是从社会化过程中获得的。一个人不断地通过社会比较获得支持性的信息，使自己相信自己是有价值的，才能保持其稳定的自我价值感。如果社会比较的机会被长期剥夺，则会使人因缺乏自我状况的社会反馈信息，而导致个人自我价值感的危机，从而使人产生高度的自我不稳定感。人很难忍受自己的价值得不到肯定。因此，自我不稳定感会引起人的高度焦虑，并促使人去同别人进行交往，进行有意无意的社会比较，以获得有关自我状况的社会反馈，了解自我，使自己的行为具有明确的方向，并使自我价值感重新得到确立。

只有在找到了一个参照系，并确定了自己在这一参照系中的位置后，人才能形成明确的自我评价。比如你虽然朋友非常少，但是你发现身边的同学其实也很少社交，你可能并不会觉得自己的社交状况存在一些问题；虽然你会感觉到交往需要的满足不充分，但如果你身边有不少朋友他们与他人互动挺多的，你常常发现他们很有吸引力，你和他们出现在同一个场合，总是有人先关注到他们，和他们进行攀谈，你就会觉得自己的社交需要强烈地被忽视，也会觉得自己的人际吸引力不够。

在社会比较的过程中，我们通常会选择与自己自然和社会特征上相接近的人作为参照群体。也就是说，作为青年学生，你往往会选取同期同学作为比较对象，尤其是身边的同学。曾经的同学如果已经不读书了，那么他们很可能就不再是你的参照系。

青年学生会有意无意地将同学的反应或状态，作为自己的反应或状态是否恰当的评判依据，当出现差距时，就可能产生偏离焦虑，在心理上出现不平衡，这种不平衡又促使个体改变自己的状态以接近参照系，最终消除内心的不平衡。所以，如果你发现身边的同学都有了恋爱对象，你就会更加焦虑和着急，渴望爱情早点降临。

◎ 获得明确的安全感

获得明确安全感的需要，是人们需要他人、需要交往并建立和维持一定人际关系的另一基本的社会心理原因。人为了获得明确的安全感，需要在面临危险的情境时有别人在场，在面临困境时得到别人的帮助，在不确定的情境中得到别人的指引，在烦恼、忧愁或悲伤的不安宁时期，有别人来抚慰和排解。

人需要自己所处的情境能够为其提供充分的安全感。社会心理学家的研究揭示，与人交往是获得安全感最为有效的途径。当人们面临危险的情境而感到恐惧时，与他人在一起，可以直接而有效地减少人们的恐惧感，使人们感到安宁与舒适。人们的心理感受有一种倾向，既然别人处于同样的情境不感到害怕，那么自己也没有理由感到害怕。这种心态的相互感染，可直接起到为人们提供安全感的作用。

心理学家还发现，无论在什么场合，当人们不可避免地介入一种情境，自己不能达到对这种情境的把握，从而安全感得不到充分确立时，需要别人或与人交往的倾向便明显加强。如果你有过在漆黑的夜晚独自走路或独自去深山的经验，就更能体会到对同伴的需要有多么强烈。所以在野外或者相对危险的情境下，会更容易产生人际吸引。在这样的过程中建立的人际关系，在安全情境下可能会延续。

人不只有生物性的安全需要，还有社会性的安全需要。当人置身于自己不能把握或控制的社会情境时，同样会缺乏安全感。例如，一位新生进入完全陌生的校园，或者去另一所完全陌生的学校做交换生，由于突然脱离了原有的人际关系支持，新的人际关系支持又尚未建立，其在自我稳定感和社会安全感方面都会出现危机。

同生物安全感的建立相似，获得社会安全感的最有效的途径，同样是与人交往并由此建立稳定的人际关系。所以，刚入校时，青年学生的社会交往需要显得十分强烈，彼此之间也容易体验到人际吸引，看重同别人的交往，注重别人对自己的评价，珍视别人对自己的接纳、友好和帮助，以及希望尽快同别人建立良好的人际关系。但与生物安全感的建立不同，一个人要获得充分的社会安全感，仅有别人的陪伴或表面交往还不够。社会安全感的本质是人与人之间的情感联系。人际吸引要持续地在关系中发生，只有用稳定的情感联系和支持，人们的社会安全感才能得到确立。

◎ 交往与独处需求并存

然而交往需要是有限的，当人们感到交往过多，又会为此烦躁不安。人际交往需要是有限的，这一命题会让你感到惊讶吗？我们一再强调交往和人际关系对人很重要，难道不是交往越多、越充分，人际关系越丰富、越深刻、越好吗？

研究表明，当人们感到孤独、感到缺乏情感依赖和理解，且感到没有足够的人际关系支持时，就会为交往和人际关系的缺乏而烦恼。而当人们感到交往过多，必须应酬各种人际关系，难以把精力集中在自己所选择的目标上，做出决定必须考虑各种人际关系时，人们又会因过多的交往和过于复杂的人际关系而不安。

人们存在着两种截然不同、彼此独立的需要：一方面，需要获得明确的自我价值感和安全感，需要进行社会比较，需要与别人共处，需要与别人交往并建立和维持稳定的关系。另一方面，也需要有内省的经验，有无拘无束、自由表现自己的机会，因此需要有独处的时间，需要暂时地远离他人。

社会心理学研究证明，就像缺乏与人共处、与人交往的经验会使人焦虑不安一样，过多的社会接触所造成的独处经验的缺乏，同样会使人产生焦虑情绪。可以设想，如果某个人成天对我们说个不停，我们会很快从认为这个人热情、健谈转而感到其啰唆、饶舌，并很快从欢迎他变得越来越不能容忍他，以致最后不得不寻找借口逃避，甚至直言拒绝。或者，如果我们的人际关系过于丰富，成天不断有人来电话、来访，那我们也会有意掐断电话或不得不闭门谢客。

心理学研究还证明，过多的社会接触常常具有破坏性的后果，即导致正常的人与人之间相互接纳和依赖的情感被破坏，使人变得不能容忍别人、不合作甚至敌对和冲突。有人认为无论怎样亲密的关系，也需要适度的分离。如果一味认为关系亲密、情感甚笃而总是形影不离，甚至不自觉地侵犯别人的隐私，伤害别人的情感，那么，终会有一天，你会发现，这种亲密的关系实际上早已在危机之中挣扎许久。

心理学家关于人际吸引的探索远不止这些，这里主要强调的是，你的需要驱动着人际吸引。如果你发现还有其他值得补充的社会心理基础，请记得一定要分享给我们呀！

人际吸引因素

为什么有些人很容易吸引他人并受到欢迎，而另一些人却常常被人忽视并难于与人相处？究竟什么样的人更容易吸引他人呢？让我们一起来关注影响人际吸引的因素。

◎ 情境因素

人们的交往是在一定的情境下进行的，不同情境下的交往常常是不一样的。情境因素作为人际关系的载体，反映了人际关系的结构和性质，对人际吸引有着重要的影响。其中又包括熟悉度与现代居住环境等。

熟悉能引起人们对事物的喜欢，也能引起人们对他人的喜欢。人们在相互交往的时候，往往是同周围的人进行交往。通过不断地接触，彼此相互了解，容易引发喜欢。

一个人仅仅经常在我们面前出现，便能增强我们对他的喜欢。心理学家向学生们展示他人的面部照片，有些图片被呈现达 25 次之多，有些则仅仅被呈现一两次。随后，调查学生们对每张照片的喜欢程度以及他们对照片上的人的喜欢程度。结果发现，一个人的照片被呈现次数越多，被试对照片就越喜欢，对照片上的人也越喜欢。

对真人而非照片的研究，也得出了同样的结论。研究者找了经过预先测试吸引力相等的 4 名女性，让每位女性都作为学生上社会心理学的课程，每个人上课的次数不一样，分别为 1 次、5 次、10 次和 15 次。在学期期末，通过幻灯片呈现各位女性，再让学生们对其作出评定。结果发现，被学生们看见次数越多的女性，越会被大家所喜欢。这种熟悉引起喜欢的作用，就称为熟悉效应。

是否纯粹的熟悉就能引起喜欢呢？显然不是。接触对象在人们心中的定位是正面还是反面，显然也影响对其的情绪情感。心理学家选择三种类型的人物照片作为研究素材。一类为正面人物，一类为中性人物，另一类则为反面人物。依旧考察照片呈现次数与被试对照片人物喜欢程度差异。结果表明，熟悉增加了被试对于正面与中性对象的喜欢水平，但对于反面对象，却没有这种效应。也就是说，熟悉会增加人们对积极和中性对象的喜欢程度。

熟悉会使人们更为容易辨认事物。学习过程的本身改进人们辨认事物和对其进行分类的能力。这种改变会使人变得更为积极。在长期演化过程中，我们形成了不喜欢和恐惧未知事物的特征。

人们需要了解周围的世界，并明确它们的意义。所以对于积极和中性对象的熟悉会让人们感到更放松、更融入。研究还证明，不仅人们意识到的熟悉会增加人们对事物的喜爱，甚至人们没有有意注意的对象的重复出现，也可以使人们产生更为积极的体验。如果你有机会经常在线下听宋老师的课，那么对于经常一起听课的同学，尽管你完全不知道他们的名字或任何事，你也倾向于越来越喜欢他们哟！

曾经有学者说，预测两个人是否能成为好朋友的最好方法，是看他们居住的地方相隔多远。虽然互联网似乎能够带我们跨越空间的距离，但事实上，那些住宅相邻的人，比相隔几个街区的人更容易成为好朋友。你小时候的好友很可能就是跟你住在同一个村子的隔壁邻居，或者同一个小区同一个单元同一个楼道里的人。在学校里也一样，最亲密的朋友，可能就是坐在你前后左右的同学，而大学之后，能常常见面的人更容易互相产生人际吸引，所以室友可能就是最佳人选。

为什么居住环境的相邻能引起人际吸引呢？主要有以下四种解释：

其一，居住环境的接近增加了熟悉程度。相邻的人之间往往“低头不见抬头见”，接触的机会比较多，熟悉程度越来越高，彼此间会逐渐有好感，从而使人际吸引增加。

其二，接近常常和相似联系在一起。相似对人际吸引的影响我们将在后面谈到。居住在同一个地方的人，在生活方式上往往相近。另外，当我们可以选择时，和我们选择相似的人更可能一起居住和工作，而地理位置的接近又反过来增强了相似性。

其三，人们能从居住接近的人身上以相对较少的代价获得社会性报酬。我们可以很方便地跟邻居聊天维持人际关系，在需要帮助时，从邻居那里能更方便地得到帮助。所以，古话说“远亲不如近邻”，也是这个道理吧！那些居住距离远的人之间建立和维持友谊付出的代价要高得多，需要更多时间、金钱和计划。因此人们倾向于和居住在周围的人发展和维持友谊。

其四，基于认知一致性，如果和我们住在一起或者一起工作的人是我们不喜欢的，会引起心理上的焦虑。认知压力会改变我们对他们的看法，从而可能会喜欢他们。

不过，尽管居住环境邻近为友谊的发展提供了机会，但它并不确保一定会形成友谊。在影响人际吸引的诸多因素中，它也只是其中一种，不能被过分强调和夸大。

◎ 外貌因素

大量的社会心理学实验表明，外貌魅力会引发明显的辐射效应，外貌有吸引力的人会让人认为拥有与外貌毫不相干的优秀品质，如健康、智慧等。与外貌普通的教师相比，学生们评价吸引力高的教师是更好的老师，讲课也更有趣。这个研究对于很多老师来说恐怕是有点扎心的。毕竟授课水平跟外貌的关联真的不大。

但对于有外貌魅力的人所作的判断也不都是有利的。曾有心理学家做过一个关于犯罪的实验研究。给被试详细的案件材料，让他们设想自己是法官，对罪犯进行判决。所有罪犯被分为三组：一是外貌有魅力组，案例附有漂亮的罪犯照片；二是外貌无魅力组，附有缺乏外貌吸引力的罪犯照片；三是对照组，其接到同样的案例材料，没有罪犯的照片。案件有两种类型，一种是诈骗，另一种是夜盗。对于被认为与美貌有关的诈骗罪，被试倾向于认为有魅力的罪犯利用美貌进行诈骗，而明显给予重判，平均刑期显著长于其他两组；而无魅力组和对照组之间则没有差异。但在与外貌无关的夜盗上，有魅力的罪犯得到了更多的同情，有明显的辐射效应存在，平均判刑年数远低于其他两组。无魅力组和对照组之间也无显著差异。

所以，虽然一般情况下美貌会产生辐射效应，使人们对拥有外貌吸引力的人的各个方面作出更为积极的评价，但是，如果人们感到有魅力的人在滥用自己的美貌，则会反过来倾向于对他们实施更为严厉的惩罚。

除了美貌外，还有许多明显的外部特征可能提升人际吸引力，如身体语言、声音和面部表情，都可能影响他人对个体的印象。以面部表情为例，一方面，常常微笑的人会显得更加平易近人、更容易接近，原因是笑容能够向他人传递信号，告诉对方自己希望和他建立信任、互助的关系；另一方面，笑容能向对方传递信息，让对方觉得他们所处的环境是没有危险的。但很重要的是，人们更喜欢真实的笑容，而不是虚假做作的笑容。笑容只是情绪的载体，如果只是形式上有微笑，内心并没有快乐情绪体验，也是无法提升吸引力的。

◎ 个性品质因素

个性品质对人际吸引的影响很大，而且这种吸引比较稳定和持久。人们喜欢那些诚实、正直、友好、热情的人，讨厌那些虚伪、狡诈、自私、贪婪的人。在吸引人的个性品质方面男性和女性存在着一定的差异。

传统意义上，男性吸引他人的品质有真诚、果断、勇敢、理智、忠诚、冒险、胸襟开阔、坚强等；而女性吸引他人的品质有开朗、活泼、温柔、体贴、善解人意、待人热情、随和等。这些以前的研究结论，在互联网时代，如果对这个进行大数据的收集，也有可能会看到非常不同结果。只是目前我们还没有获得最新的结果。

但无论怎样，真诚都是最有吸引力的品质。我国社会心理学家金盛华老师认为，人们之所以如此强调真诚，同时又高度拒绝不真诚品质，是因为真诚使人们对于与自己交往的人有明确的预见性，面对不真诚或欺骗，则意味着有可能受到侵害。在心理上，最使人感到恐惧的，不是一件不幸的事件发生，而是要随时担心一件事情的发生，随时让人感到担忧，会激发人的高度自我防卫，使人感到强烈的焦虑与不安。所以我们害怕和讨厌不真诚的人。

◎ 相似与互补

另一个影响人际吸引的重要因素是相似性。在日常生活中我们可以看到，很多种情况的相似都能引起程度不同的人际吸引，诸如兴趣爱好、道德观念、社会地位、教育程度等，同龄人之间也容易相互吸引。有心理学家研究发现，在对他人不了解的情况下，他人与自己的观点是否一致，在很大程度上决定了人们对他人的喜欢程度。之所以观点的相似影响人际吸引，是因为当我们发现别人的观点与自己相近时，会造成一种“我是正确的”奖励效果，从而更喜欢对方。而他人与我们观念不同时，会提醒我们可能是错误的。这类似于一种惩罚，因而我们容易不喜欢与自己意见不一致的人。

相似性能引起喜欢，反过来喜欢也能引起相似性。最初的相似把大家引到了一起，随着关系的发展，我们分享经验和想法，逐渐变得更加相似。

互补性是指双方在交往时所产生的互相满足的心理状态。当交往双方的需要和满足途径正好成为互补关系时，双方会产生强烈的吸引力。心理学研究和日常生活的事实都表明，人际吸引中的互补因素，往往在感情较深的朋友、恋人和夫妻间发生作用。对短期的恋爱关系来说，熟悉、外貌以及价值观念的相似，是形成人际吸引的主要因素；而对于长期恋爱关系来说，互补是发展密切关系的一个非常重要的因素。

表面上，相似与互补是矛盾的，但如果互补是建立在态度与价值观一致基础上的，相似与互补则获得了协同。另外，相似和互补并非两个稳定对立的维度，两者之间是可以相互转化的。一个人可能因为他人的某一特点符合自己的“理想自我”，而增加了对这个人的喜欢程度，进而他会不知不觉地去模仿和学习对方的这一特点，使自己向对方接近。这种现象在恋爱关系中表现得尤为明显，这又被称作“米开朗琪罗现象”。艺术家米开朗琪罗将雕塑过程比作从一块沉睡的石头中释放出理想的人物形象，幸福的伴侣也以相似的方式潜移默化地改变着对方，因此相爱的双方常常能感受到亲密关系带来的自我提升。

一般说来，我们都喜欢那些有能力的、聪明的人。我们喜欢那些善于交谈的朋友，喜欢技术出色的运动员，喜欢有见识的教授。与有能力、聪明的人在一起可以让我们获得更多的东西，也会觉得更安全。

人际吸引的因素也许还有其他没有被提及的内容，同样，欢迎你的补充！

印象管理

如果你突然发现一个关系很不错的哥们，平时不怎么注重外表，却突然在寝室镜子前开始打扮自己，你可以问一下，是不是遇到了让他在意的人，所以他要给别人留下好的印象，或者吸引别人。他的这种行为就属于印象管理。

印象管理，是指一个人通过一定的方法去影响别人对自己的印象，使别人所形成的印象符合自己期望的过程。恰当的印象管理是人际交往的润滑剂，可以使交往顺畅进行。恰当的印象管理不应被理解为虚伪，应理解为讲文明、讲修养。

印象管理与印象形成既有联系也有区别。印象形成是信息的输入，是形成有关别人的印象。而印象管理是信息的输出，会对别人的印象形成过程发挥影响。通过有效的印象管理，可以促进人际吸引，促进人与人之间的相互接纳和喜欢。

社会赞许的需要和控制交往结果的愿望，促使人们进行印象管理。在社会互动中，每个人都竭力维持与当前社会情境相吻合的形象，以确保他人对自己作出令人愉快的评价。成功维持良好的形象，会受到周围人赞许，这就是印象管理策略。

有学者认为印象管理是社会互动的一个侧面。每个社会情境或人际背景，都有一种合适的社会行为模式，这种行为模式表达了一种特别适合于该情境的同一性，称为情境同一性。人们在交往中，力求创造最适合自己的情境同一性。进行印象管理，试图给他人留下一定印象的目标，就是使自己在特定情境中的自我表现符合自身的情境同一性。因此，有什么样的交往情境，或者有什么样的交往对象，人就有相应的自我表现。

交往对象和目标都会影响自我表现。在不同人面前，人的行为表现不一样，这也是很常见的现象。你可能发现，你的室友在对象面前温柔谦和，甚至有点讨好对方，但和你在一起的时候却粗鲁随意还有点小高傲；你平时话不是很多，但是偶然遇到了一个人很喜欢交谈，你对他印象不错，因此你也尽量搜寻话题，和对方展开了充分的沟通；这些都是个体为了达到与交往者的默契，根据情境中不同对象的特点，使自己的思想观点在自我表现时尽可能与对方接近的现象。

但在某些特定情况下，如当人们与不能认同的对象进行交往时，不是表现出与交往对象的接近，而是尽可能表现出与对方的不同，甚至宁愿改变自己原有的态度、观点，也不愿与对方相似。例如，某人很讨厌一位交往对象，感到对方与自己相似令人反感，就会刻意表现得与对方不同，甚至为了区分，故意做出自己平时也不太会有的行为。

社会心理学把自觉的印象管理过程称作自我表现。自我表现是人与人之间相互作用的一个基本方面。在现实生活中，人们经常有意识地按照一个模式表现自己，以便给别人留下期望的印象，借此达到预定目的。成功的印象管理，的确会帮助人们在许多情况下获得优势。

在自我表现中，人们首先关心的是如何给别人留下良好的第一印象，使交往有一个良好的开端。在日常生活中，很多人在接触陌生人或者陌生情境下，会不知道如何恰当地自我表现，有时会过于拘谨，有时可能又会有些冒进。

社会心理学家提出一个 SOLER 模式，可以明显增加别人的接纳性，使我们更容易在他人心目中建立起良好的第一印象。S 表示“坐（或站）要面对别人”；O 表示“姿势要自然开放”；L 表示“身体微微前倾”；E 表示“目光接触”；R 表示“放松”。这样会给人“我很尊重你，对你很有兴趣，我内心是接纳你的，请放松随意”的轻松、良好印象。心理学家们发现，如果我们有意识地在社交场合运用 SOLER 技术，改变不适当的自我表现习惯，可以有效地增强别人对我们的好感和接纳度。

也有人根据实际生活成功经验，总结出给人留下良好第一印象的六条途径。分别是：(1) 真诚地对别人感兴趣；(2) 微笑；(3) 多提别人的名字；(4) 做一个耐心的听者，鼓励别人谈他们自己；(5) 谈论符合别人兴趣的话题;(6) 以真诚的方式让别人感到自身很重要。这与SOLER技术产生的作用很相似。

其实,如果想到任何一个人都具有我们所不及的方面,都能为我们带来有意义的信息,都可能在某一方面对我们有实质性的帮助,想到我们每认识一个人就等于多打开了一扇人类世界的窗户,那就不难做到真诚地对别人感兴趣,对别人有真诚的微笑;如果我们懂得别人需要有自我展示的机会,需要我们的支持与回应,我们就能做一个耐心的听者,并鼓励人们表现自己。

自我表现也有一些必须要遵循的原则。

第一,角色获得。指站在别人的立场,体验别人的角色,了解别人在交往情境中的期望与情感。通过角色获得,知道别人期望我们怎样的行为,了解我们怎样表现是恰当的。由此,我们可以调节自己的行为,使结果符合需求。

第二,相互支持。自我表现必须不侵犯别人的尊严。如果言行使他人的尊严受到威胁,人们就会对其高度排斥。成功的社会交往,表现在交往双方以各自的自我表现相互支持,使对方的期望得以实现,同时也达到自己的目的。

第三,学会特殊的自我表现策略。人们经常有意识地使用一些特殊的方法,向别人表现自己,给别人留下各种印象,以达到不同的目的。社会心理学家总结了人们主要的特殊自我表现策略,包括逢迎、自我抬高、显示、恳求等。

逢迎是用一定策略性的行为(如抬高别人、遵从别人观点、送礼物等)去影响别人,以增加自己的吸引力,使自己看起来值得被人喜欢的策略。常用的方法有真诚地赞美别人和由衷地赞同别人观点。对别人自我价值感的支持,能增加别人对我们的接纳度。

自我抬高是夸大自己的能力。人可以在总的方面抬高自己,也可以在某些特殊能力上抬高自己。自我抬高时也承认自己的不足之处,可以使自我抬高更可信。例如,通过暗示如果自己在接受任务时没有生病,那么会完成得更有效。

显示是给别人以正直和品行高尚的印象，由此使别人感到有差距，而增强自己的影响力。有些团队领导者会放弃某些小的利益，显示自己道德高尚，赢得团队成员尊重。

恳求是向别人坦白的自己弱点和对别人依赖的行为，目的是引起他人同情，进而得到帮助。人们往往在其他策略都无法使用时，最后才被动地使用这种方法。它会给人造成孤立无援、毫无办法的印象，从而赢得同情和帮助。

人们会根据时间、场合选择某种特殊的自我表现策略加以运用，也可能同时运用多种。不同的人对策略的偏好不同。但是，几乎每个人都会使用某种策略来帮助自己达到预期的印象管理目的。

你可能也是印象管理达人，如果你有恰当的印象管理的经验，并没有出现在我们介绍的内容里，也非常欢迎你能够分享给我们。

第六篇

树洞回声

——关于人际交往中的困扰

当你在人际交往中遇到烦心事，憋在心里很难受，对他人讲可能又有不便，不妨找一个树洞，把你的困扰悄悄说给它听吧！有时候，悲伤、烦忧、迷茫也许并不需要有答案，只需要有个小小的树洞承载它。让倾诉成为一场温柔的治愈之旅，也为你的困扰找寻一处安全倾吐的角落。

当然，如果你还没有找到自己的树洞，我愿意成为你的树洞。倾听你的心声，和你一起面对苦恼。请你相信，每一个声音都值得被倾听，每一个故事都有它的价值。而且，这是一个有回声的树洞。那些盘桓在心头的困扰，会在这里听到回声，树洞会尽所能给予你真诚的回应。

我是你心间的树洞，
在月色下静默守候。
在这片静谧的角落，
你的忧愁，我轻轻拥抱。
你的秘密，我温柔收藏。
在这里，你倾述，我倾听后回应。
轻声低语，温暖如初。

回声一　社交矛盾中的关系模式

树洞来信

亲爱的树洞：

我是一名16岁的男生，我与周围同学的关系总是不好，因为我从小被寄养在姑妈家，直到读中学才回到父母身边。所以，性格内向的我不太知道如何亲近他人。入学后，我总感觉周围的同学都不喜欢我，甚至经常会有人在背后议论我。我常常感到孤独和无助，也越来越不想与人交往。

亲爱的树洞：

我是一名大一女生。进入大学后，辅导员安排我当寝室长。我也想好好与室友相处。但时间一长，我发现大家的生活作息无法匹配。有些人习惯早起早睡，有些人却习惯深夜畅聊；有些人喜欢干净整洁，有些人却喜欢乱丢垃圾。我以寝室长的身份给大家提出了一些建议和要求。她们不但不听，反而恶言相向。我也常常会因为寝室琐事产生的矛盾争执而烦恼，我认为自己是对的，但是却得不到尊重和认可。我很烦恼，既不想当寝室长，又不想让辅导员失望。

树洞回声

感谢信任，向我倾诉你们的心声。

“人”字一撇一捺，相互支撑，仿佛一段关系里的双方。有趣的是，一不小心我们就分不清到底是撇出了头还是捺出了头！正如无论关系多么亲密，总是少不了会出现矛盾与冲突。

个体心理学家阿德勒曾说过："要想消除烦恼，除非世界上只有你一人。"大家有没有意识到，我们生活中的绝大部分烦恼，都与他人有关。

喜欢的人不喜欢我，我感到失落……

被朋友们误解，百口莫辩，我感到心寒……

邻居蛮不讲理，为小事扯皮，我感到无奈……

领导很挑剔，同事尔虞我诈，我感到愤怒又心累……

孩子不听话，伴侣很冷漠，父母不支持，我感到绝望……

无论怎样努力，我都无法融入集体，我感到无能……

因此，阿德勒认为"如何处理好人际关系"是每个人最为重要的人生课题。于是，为了拥有更好的人际关系，我们也总是期待通过自己的努力，比如提升人际沟通技巧来解决人际难题。但大多数时候，我们收获的可能会是失望和无奈。因为，高质量的关系需要良好互动、相互滋养。那么，怎样的互动才是良好的、相互滋养的呢？

首先，我们需要了解一下人际互动的四种模式。客体关系心理学认为，我们所有的人际关系，本质上是由我们的内在关系模式决定的。它是我们与他人、社会乃至世界相处的基石。什么是内在关系模式呢？内在关系模式就是我们的"内在父母"和"内在小孩"的关系。"内在父母"和"内在小孩"的关系来源于童年期我们和主要抚养者之间的关系。这种关系在6岁以前基本就已形成。之后不断建立的关系，不过是内在关系模式的映射！简而言之就是，童年时，我们怎么与父母相处，长大后，我们就怎么与其他人相处。内在关系模式有四种：第一种，"我行，你也行"，是最理想的关系模式，即"内在小孩"行，"内在父母"也行。第二种，"我行，你不行"，即"内在父母"行，"内在小孩"不行。第三种，"我不行，你行"，即"内在父母"不行，"内在小孩"行。第四种，"我不行，你也不行"，即"内在小孩"不行，"内在父母"也不行。具体如下图所示。

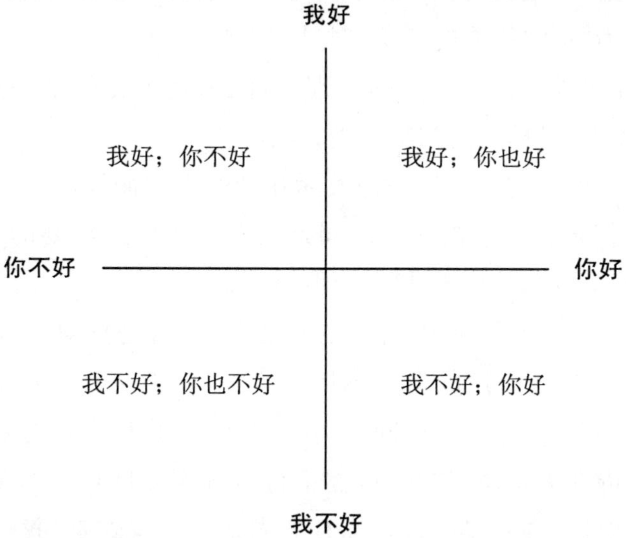

人际关系中的互动，不仅仅交互于意识层面的言语和行为，还会反映出潜意识里的模式映射。遇到人际交往的冲突时，我们可能需要学会用内在关系模式审视自己和对方。也许，你会发现，很多关系需要重构。让我们举个例子来理解一下。

案例：

寝室里的女生A，很喜欢打扮，也很喜欢买一些高档品牌的化妆品和衣服。而同在一个寝室的女生B，家境不太好，穿着很朴素。但是，A和B是好朋友。让人不解的是，B总是被A嘲笑很土，不会打扮，B不但不生气，还是笑脸相迎。

用内在关系模式来解释这样的朋友关系，可得到：A形成的是“我行，你不行”的内在关系模式。B形成的是“我不行，你行”模式。A以“挑剔的内在父母”自居，将“不够优秀的内在小孩”投射给了B；而B以“被挑剔的内在小孩”自居，将“权威的内在父母”投射给了A。在这对互动关系中，A认为挑剔别人是合理的，这并不是说她没有被挑剔过，相反，可能她从小也被挑剔，在成长过程中逐渐内化了挑剔者的态度和价值观，在遇到一个自己认为“不够优秀的对象”时就以“挑剔的内在父母”自居了；而在B心中，被挑剔似乎存在一定的合理性，因为她可能就是一直这样被挑剔，却感觉无力反抗，只能默默忍受。

内在关系模式的互动是一种人际互动的强化循环，心理学上常常用“投射性认同”来解释。投射与认同是人际关系中最重要的心理互动机制，关系中的事情都是双方共同作用的结果。

“你怎样对一个人，反映着你的内心”——这是投射。例如，A嘲笑B，是因为B把“我不行”的自卑感投射给了A。“一个人怎样对你，可能是被你教会的”——这就是认同。例如，A认同了B投射过来的自卑感，于是启动了内在关系模式“我行，你不行”，挑剔贬低自卑的B。于是，就完成一场投射性认同。然而，假若B的内在关系模式是“我行，你也行”，讲究相互尊重和平等，那么他就会不吃A那一套，会对A的嘲笑加以还击。

所以，如果“内在的父母”赞赏“内在的小孩”，你就会更加自信；如果“内在的父母”尊重“内在的小孩”的独立空间，你就会更加自立。人际关系是一面镜子，透过它，你才能认识真正的自己。

所以说，在所有的人际关系中，我们与自己的关系，才是最核心的关系。交往的过程也是为了更加了解自己，靠近自己。没有完美的对方，也没有完美的关系。在关系中产生的烦恼，需要在关系中去解决。不用胆怯，有我们陪着你，一起去探索关系的曼妙魅力和交往的隐藏疗愈力。

回声二　让人无措的社交焦虑究竟是什么？

树洞来信

亲爱的树洞：

我是一名大四女生。大一时，我在课堂回答老师提问的时候出现了口误，引起同学们的哄堂大笑，并被老师批评。此后，我就觉得别人总是注视着我，见到人多的场合就紧张、发抖，不敢看别人的眼睛，说话也不利索。渐渐地，我开始回避出入公共社交场合。因此也没有关系要好的朋友。自知这样不好但无法摆脱。

亲爱的树洞：

我是一名 26 岁的程序员。平时在网上能说会道的我一到社交现场就会变得沉默寡言，大脑一片空白，语言系统开始罢工。开会时，如果领导问我有何想法，我的大脑就会一片混乱。虽然我的表情假装在思考，但内心却早已崩溃，真希望能找个地缝钻进去。不知道我为何这样害怕社交场合？

树洞回声

感谢信任，向我倾诉你们的心声。

这些烦恼让我想起了一套漫画《芬兰人的梦魇》。这是一套以社交焦虑的芬兰人为形象的系列漫画。也许你正如漫画描述的芬兰人一般，时常经历着让你紧张、恐慌的社交情境。总有一些社交场合，你不得不身处其中，你希望时间快点过去；你极度担心自己需要和别人对话，尤其是在一群人面前公开发言，你会脸红、心跳、表情不自然；你常常会在事后回想和他人说话时是否说了不该说的；在与同学、朋友交往一段时间后，你还是会担心别人不喜欢自己……于是你会找各种理由不参加社交活动，比如朋友聚会、集体开会、课堂发言、跟陌生人交谈，甚至不愿在公共场合吃饭等。

当你不得不面对这样的情形和场合，身体会发出一些痛苦的信号，比如心怦怦跳、冒汗、颤抖、气短、胸闷、胸痛、窒息、恶心、打冷战、头重脚轻、坐立不安、抽搐或者痉挛。现代人常常用“社恐”来形容不善甚至不敢社交的自己。而心理学专业确实有一个术语来形容这种情况，就是“社交焦虑”。

社交焦虑是一种对社交场合或公开场合感到强烈恐惧或焦虑的精神类疾病。有些患者害怕几乎所有的社交情境，被称为“广泛性社交焦虑”；而有些人只是害怕某一类社交情境，比如“演讲焦虑”。

当然，并不是所有对社交心存恐惧的人都是社交焦虑的患者。一些号称“社恐”的个体，只是在公开场合或者陌生人面前，会感到些许紧张、恐慌，但并不会严重影响或者限制他的社会互动。重要的是，很多人号称“社恐”并不是不想社交，反而内心非常希望可以顺畅地跟人交谈、自在地参加集体活动，但是每每想到交往又会觉得好紧张，总是好不容易下定了决心，却又临阵脱逃、丢盔弃甲。

究竟是什么带来了社交中的焦虑体验呢？

第一，注意偏差。

大多数社交焦虑的个体都会经历三个阶段：注意警觉、注意固着和注意回避。让我们来看看下面的例子。

案例：

“为什么总是有人一直盯着我呢，是等着我出错吗？那我低着头、不说话好了。好不容易鼓起勇气抬头看了一眼，对面的陌生人还瞪我一眼！我很奇怪吗，为什么要用这样奇怪的眼神看着我！该死！我的脸变得更热了，一定很红吧？我真是个胆小如鼠的人，大家肯定也都这么想吧？完了，大家都会感觉我很奇怪了。我真是个没用的人，大多数人都轻而易举的事情我却怎么都做不好。”

这位同学非常警觉地觉察到社交情境中的消极信息。比如，“大家都盯着我看”“瞪了我一眼”等。一旦我们注意到消极信息后就难以自拔了，我们会将注意力更多地分配给消极信息。这就是注意固着阶段。固着消极信息自然会让我们体验到更多的消极感受。这位同学发现大家盯着自己的时候，就强烈地感受到脸热、脸红以及大家对他的疑惑。最后，他把注意从消极的外部信息转向了自身。不仅对自己负面评价，还坚信别人也是这么想的。注意回避阶段，我们就很难接收到积极的信息了。

第二，解释偏差。

除了注意偏差会带来社交中的焦虑体验，我们对社交信息的解释也会带来完全不一样的社交体验。曾经有个外语系的女生跟我分享过她的一段经历。她在暑期给小学生上英语课时，用英语讲了个故事，孩子们听完之后就笑了。她说当时就觉得自己特别尴尬，觉得孩子们一定是在嘲笑自己的口音。真的如此吗？

在面对这些模糊情境的时候，社交焦虑的个体更倾向于使用自动化负性思维去解释。他们抱着自己肯定会出丑、别人肯定会对自己作出消极评价的不合理信念。但是，孩子们的笑有没有可能是觉得故事有趣呢？一定有这样的可能性吧。

第三，记忆偏差。

社交焦虑的起点也许是曾经的一次不愉快的社交体验，并且对自身的表现不满意，因此一直反复回味其中的焦虑体验，强化消极的后果，也会因此产生一些记忆偏差，每当紧张时就不自主地想起这样的体验，反而变得更加焦虑。

同时，社交焦虑中的注意偏差和解释偏差，也可能会影响我们的记忆偏差。焦虑让我们过多关注自己的情绪，从而更容易记住情景中的消极部分而忘记积极部分。这又会进一步验证自己"社交无能"的想法。

为何在社交中焦虑的人们常常会容易记住情景中的消极部分而忘记积极部分呢？因为多数时候，个体会高估他人对自己的关注。这在心理学上被称为"聚光灯效应"。很多时候你以为别人在关注着你，这其实只是你的一种假设。试想，一旦聚光灯效应普遍存在的话，那么谁还有精力关注别人呢？大家可能都在关注自己吧。

如果社交焦虑已经严重影响你的工作与生活，请鼓起勇气立刻寻求专业帮助。如果你只是在社交中容易紧张，那么请记住以下两点：

一是任何一种情绪的存在都是有原因的，如果在焦虑的瞬间没办法想清楚，可以在冷静之后复盘，并找到偏差，调整偏差。

二是尝试接纳自己的情绪。告诉自己：是的，我就是容易焦虑，这也没什么关系，也许我不够完美，但又有谁会在意呢？展现自己的美好不仅仅是这一刻，如果我真的不想社交，独处也是美妙的。

如果你的朋友有社交焦虑，请记住，社交焦虑并不一定要"克服"，不要说"多练练就好了"，强行面对只会增加痛苦。社交焦虑更是一种需要被接纳和理解的状态，可以跟朋友说："不想做可以暂时不做，但不要害怕，没有人是完美的，我们都是通过展现自己的不完美，来不断成长。"如果他不得不面对，作为朋友的你可以去拍拍他的背，和他一起做几下深呼吸。然后大声说："好了，让我们一起来面对吧！"如果朋友拒绝了你的聚会邀请，或者遇到你没有打招呼，也没关系，给他独处的空间，主动给他善意地招呼。

漫画:《芬兰人的噩梦》

《芬兰人的噩梦》是芬兰平面设计师卡罗利娜·科尔霍宁(Karoliina Korhonen)的漫画集。作者通过简笔画及少量配文描述了芬兰人的日常。

漫画中描绘了一系列令人恐惧的社交场景:陌生人的微笑、不熟悉的人的拥抱、不知如何应对的寒暄、在会议上成为被夸奖的焦点……令很多人产生共鸣。

回声三　为何需要换位思考？

树洞来信

亲爱的树洞：

我是一名大四女生，大三开始接任班长，已工作一学期。工作中我认真负责，人缘也较好。在去年组织筹备运动会表演节目的过程中，因一女生没有认真看通知而错过了报名的时间。因而对我的工作产生了不满，并多次在班级群中顶撞我，说我平时“戏多”“鹦鹉学舌”“假传圣旨”等等。我跟辅导员反馈过，辅导员让我多理解同学们，原谅她错误的做法。当时又正值考研复习关键时期，我也不想与她发生正面争执。但是情绪也因此受到了影响，注意力不够集中。朋友们都劝我，让我不要放在心上，专心备考。可是，我真的做不到啊！

亲爱的树洞：

我的表妹是一名高中生，特别迷恋一位男明星。家里的房间都贴满了明星海报，手机壁纸、电脑桌面也都是该明星的照片。她平时还特别喜欢收集这个明星的周边产品，如签名照、限量版专辑等。她父母觉得她追星太疯狂了，且影响学业。有一次，表妹为了去看明星演唱会，偷偷拿了家里的钱。被妈妈发现后，表妹和家里大吵了一架离家出走了。表妹哭着对我说：“父母根本不懂他对我来说有多重要，他是我的动力源泉。”她妈妈也很生气：“你看看她，为了一个不认识她的人，偷钱欺骗父母，值得吗？”表妹觉得父母不能理解和尊重她的个人爱好，父母觉得孩子太不懂事。好像双方都有理，我也不知道如何劝说他们。

树洞回声

感谢信任，向我倾诉你们的心声。

当你在沟通中遭遇冲突，是不是经常会听到这样的劝解：“你要多站在他人的角度去换位思考。”可是，说起来容易做起来难，换位思考并不容易，而且，为什么要换位思考呢？如果不能思考清楚为什么，可能我们很难自然而然地进行换位思考。

大多数人的内心深处会存在一种意识，认为自己就是对的。这种以有利于自身的方式来进行自我知觉的倾向，心理学上称为自我服务偏差。自我服务偏差让我们总是倾向于把成功归因于内部因素（如个人的努力、智慧、能力等），而将失败则归因于外部因素（如运气不佳、没准备好等）。

生活中的自我服务偏差比比皆是。比如，在进行一些比较时，大部分人都觉得自己要优于平均水平。人们常常会认为，和他人相比，自己的道德水平更高、更能胜任工作、更友善、更聪明、更英俊。婚姻中也普遍存在自我服务偏差，大部分人都会认为自己在一段感情中付出得更多。

自我服务偏差主要体现在两个方面，即“虚假普遍性效应”和“虚假独特性效应”。虚假普遍性效应是指，我们通常会觉得别人非常支持我们的观点，从而更加坚定自己的立场。这样，我们就会觉得做错了事或是任务中的失败都是正常的。而虚假独特性效应则表现为我们在完善自我形象的时候，会将自己的才智和品德看成是超乎寻常的。当我们干得不错或者获得成功的时候，独特性效应就更加容易出现。

原来“自我中心”是个体认知习惯中的“出厂 bug”呢！因此在人际沟通中，我们似乎需要依靠“换位思考”来消除“自我服务偏差”所带来的弊端。

案例一：请看下面这幅图，你看到的是什么？

你肯定会说，看到了一只青蛙呀。现在请转动书的方向，无论朝哪个方向转动都可以，你有新发现吗？

生活中，我们常常因为角度的不同，而产生了不同的想法和意见。如果坚持己见，忽视他人，常常会陷入无法沟通的僵局。那么，是什么原因导致了我们无法进行换位思考呢？

案例二：请再看一幅图。你看到的是什么？

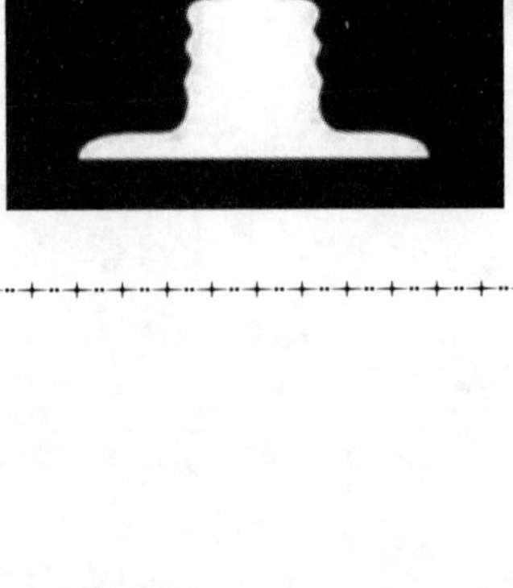

这幅图是不是既有可能是花瓶，又有可能是两张面对面的脸？关键在于，你关注的是白色部分还是黑色部分。所以，不同的关注点可能会导致我们和其他人持有不同的观点。持久地聚焦于一个点，就难以看到问题的全貌，正所谓“一叶障目，不见泰山”。

你可能会问，总是考虑对方的感受和观点，这样难道不是讨好他人、放弃自己吗？这样难道不累吗？事实上，换位思考并不是委屈自己、迎合他人，而是通过换位去更好地理解，从而更好地表达，使得彼此更加容易达到和谐的状态。

换位思考在心理学上还有一个相近的词，叫作同理心或共情。共情不仅需要表现出“换位思考”，更需要表达出“换位感受”和“换位行动”。共情是高情商的表现，它有以下三层境界。

第一层境界：能够理解对方所表达的言语和行为。这是最简单的层次。人际沟通中，言语与行为有时是矛盾的，这时就需要进入第二层。

第二层境界：能够理解对方未表达出来的情绪、动机和思维。《非暴力沟通》曾提到，当人们争吵时，其实往往是需求没有得到满足。有时候，因为不知道如何表达需求或者有难言之隐，我们间接、隐含地表示着需求，期待被对方所听见或看见。共情能力强的个体，往往能读懂对方语言行为背后的情感需求。

第三层境界：能够给对方此时最需要的东西。这是共情的最高境界。发展自己的同理心，并不是变得世故和圆滑，也不是讨好取悦，而是按照对方所希望被对待的方式对待他。这是一种让别人舒服，也让自己丰盛的能力。

换位很难，思考不易。但尝试着更多去体会对方的感受，理解对方与自己的不同，你的世界会变得更加开阔，关系自然也会变得更容易和谐，你的心也能飞向更广阔的天地。

回声四　从众，你心甘情愿吗？

树洞来信

亲爱的树洞：

很多时候我都会身不由己，我想知道这样正常吗？比如，室友们要出去团建可我不想去，但大家都去，那么我去还是不去？大家都玩某类游戏，只有我不玩，为了融入他们我应不应该也玩这个游戏？大家都要参加某类竞赛，可我觉得这类竞赛对我的提升不大，并且会分散我的精力。我不想参加，但是想想大家都在准备竞赛，我不参加跟他们就没有共同话题了，我又有些犹豫。

树洞回声

感谢你的信任，向我倾诉你的心声。

假设这样一种情况：

你和一群人一起在医院的候诊室里，你会毫无原因，却不停地站起来又坐下吗？

请在心中记住你的答案，让我们一起来看一个社会实验。

社会实验：候诊室的怪异举动

研究人员曾做过一个实验。在医院候诊室里，一名女子和一些群众演员坐在一起，她以为其他人也都是普通患者。候诊室不

> 时会响起铃声，这时，群众演员不约而同地站起来，然后坐下。女子对这一举动非常疑惑，但群众演员重复多次后，她也默默地在铃声响起时起立。随后，群众演员逐个离开候诊室，只剩下女子一人，她依旧进行着这个行为。甚至之后进入候诊室的患者也都跟她做一样的动作，即便他们都不明白这么做的含义。

看完这个实验，我想再问你一次：如果你也处于那样的情境，你会像那名女子一样吗？也许你会坚定地说，肯定不会，但其实你可以找一群伙伴，偷偷复刻这个实验，看看大家的表现。是什么让实验中的人做出这种看上去有些荒谬的行为呢？

也许你想到了，那就是从众效应。从众是指个体在群体的影响下，其认知、判断、信念与行为等方面自愿与群体中多数人保持一致的现象。社会心理学家古斯塔夫·勒庞在《乌合之众》中曾提到：在群体中，每一种情感和行为都极具感染性。人作为社会性动物，我们的态度、行为，一方面受到社会环境和环境中的他人的影响，也会同时影响着社会和他人。那么，你是否会受到周围人的影响，违心地作出明显错误的判断呢？

为何人们会选择屈从于他人的异常示范呢？实验中的女孩解释道："每个人都这么做，所以我觉得我也该这么做。"尽管她并不知道，也没有一个人知道为什么要这么做。但"听到嘀声站起来"经过群体成员的复制，最终成为了候诊室里一条隐形的"行为规则"。

害怕被孤立是从众的一个重要原因。"和别人不一样"的心情常常会让我们陷入焦虑。一种因为违背群体标准而被群体成员视为"离群之马"，遭受孤立的焦虑。所以，许多人都习惯"先看看别人怎么做的"再做决定。实验中的女子是这样说的："当我决定跟大家做一样的事之后，我觉得自在多了。"

来自群体"信息的压力"是我们选择从众的另一个重要原因。在不确定的情境中，"多数即正确"似乎成为了一个奉行不悖的规则。

为了降低思考获取答案的成本，“跟随群体”被认为是一个最不会犯错的问题解决法。即便我们选错，也是大众都错。责任分散后，自然我们的压力也小了。所以，有人感叹：“不从众也许很酷，但从众真的很舒服。”

其实，生活中的从众现象常常发生。比如，你在两边无车的状态下，等待绿灯过马路，却看到身边的人都无视红灯走上斑马线，你是不是也蠢蠢欲动想要跟随？明明周末想去图书馆学习，室友却都在刷剧、打游戏，你会不会感觉休闲才是人生，从而加入他们的阵营呢？明明不爱看综艺，但身边的姐妹都在追同一个偶像，为了找话题，你会不会也夸起了他：“你们都喜欢他呀，那……我也是！”当然，积极的从众可以激励群体向上，比如整个寝室一起备战考研。

从众还会让个体失去独立思考的能力。在网络暴力、谣言、网购刷单、水军点赞等事件中都有个体受到从众心理的影响。有些人长期从众，就会逐渐丧失自己的判断，沦为群体意志的奴隶。不假思索地认同群体规范，以群体判断代替自己判断，甚至为了获得认同，愿意抛弃是非。有时候一句话就可能成为迫使他人从众的驱动力。比如，“为什么别人都可以，就你不行？”一旦进入群体，人们就不想深究持不同意见背后的原因了，只想尽快回归所谓的“正轨”，达成一致。所以，不论我们身处意见的多数方还是少数方，都应该对从众保持警惕。因为我们不仅可能是被迫从众的那个人，也可能是迫使别人从众的那个人。

阿希实验：真相与错觉的较量

1956年，美国心理学家所罗门·阿希曾为此做过一个实验。实验是这样的：7人一组的被试中，只有1人是真被试，其他6人都是假被试。实验任务很简单，只需要在每次呈现的一套卡片里，判断3条线段A、B、C中哪一条与标准线段等长。

试想一下，如果小组所有的人都告诉你，A线段和图中标准线段一样长，你还会相信自己的眼睛吗？

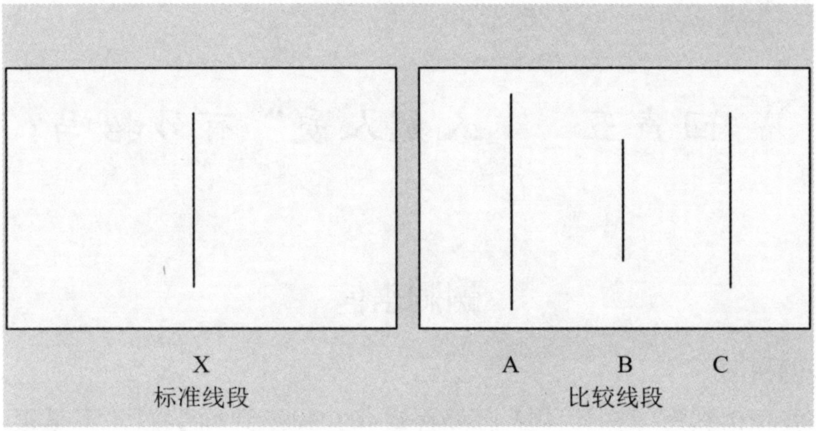

实验显示，当人们进行独立判断时，基本都不会出错。但是，当6名假被试都异口同声作出错误判断时，那名真被试也会开始选择错误！实验中75%的人至少随了一次大流，只有25%的真被试没有被套路，坚持给出了自己的答案。但即便是这25%的人，给答案的速度也明显受到了小组他人的影响。并且，他们都表示，在答题过程中，感受到了非常大的压力。

回声五 “人见人爱”有妙招吗?

树洞来信

亲爱的树洞:

我想请教您怎样让同学们都喜欢我?我感到同学们并不是很喜欢我。可是,我们班上的另一个女孩却非常有人缘,不管她当不当班干部同学们都喜欢她。您说,这是怎么回事?

亲爱的树洞:

我是一名刚毕业的大学生,很开心找到了一份中学教师的工作。但是作为职场新人,怎样给领导和同事留下较好的第一印象呢?我有些不知所措。

树洞回声

感谢信任,向我倾诉你们的心声。

的确,生活中有些人会让我们感到莫名的好感、亲切,忍不住想要靠近,成为“人见人爱”的“团宠”;而有些人却总是令人感到疏离,相处起来不那么自在。

其实,我们每时每刻都在不知不觉中被他人吸引,同时也会吸引着他人。作为“社会性动物”,人类有着强烈的与他人建立亲密关系的归属需要。那么,这种看不见、摸不着的魅力究竟来自何处呢?

人际吸引是人际关系中的一种肯定形式,表现为相互接纳、喜欢、亲密的状态。我们会喜欢怎样的人?会选择怎样的人做朋友呢?又为何会对一些人感到厌恶，对他们产生偏见？这些选择是随意随机的？还是有规律可循的呢？

答案当然是有规律的。社会心理学发现，人际吸引的基础其实是一种奖赏，也就是说他人的出现对我们具有奖赏意义。

影响人际吸引的奖赏有两种类型：直接奖赏和间接奖赏。直接奖赏指的是我们直接提供给对方的愉悦感。比如，对他人的赞美表扬、美丽的外表，以及物质利益等，这些直接提供的奖赏会让他人感到快乐。大部分情况下，给人们提供的直接奖赏越多，我们的吸引力就越强。

当然，除了直接奖赏，人际吸引还会受到很多不易察觉的间接因素的影响。间接奖赏是微妙的、难以察觉的，我们有时甚至意识不到它的存在。举个例子，男性为啥更偏爱年轻貌美的女性？隐藏的间接奖赏因素可能是：人们常常会被那些能为将来后代提供生存优势的人所吸引。年轻似乎与生育有所关联，貌美似乎与健康有所关联。当然，交往中的奖赏因素并不能被这样实实在在地区分出来，实际情况则更加复杂。接下来，我们就从丰富的心理学实验中去了解这些容易被我们忽略的人际吸引因素吧！

因素一：空间临近。

所谓“近水楼台先得月”。大家不妨想一想，新学期开始时你最先认识的是谁？谁又成为了你的新朋友？你认识的人和你喜欢的人，上课时是不是坐在你的身边？他们两个人能否成为朋友？临近性是一个强有力的预测源。因为，近在咫尺的人际关系奖赏价值会更高。

首先，临近性能使人们发现共性并交换回报。社会学家已经证实，友谊和爱情多数情况都源自与身边人的交往。这就不难理解，为何一曲《同桌的你》总能勾起我们的无限感触。事实上，地理距离并不是关键。功能性距离，也就是人们的生活轨迹相交的频率才是关键。我们常常与那些共享居住区入口、停车场和娱乐场所的人成为朋友。比如，随机分配到相邻寝室的大学生。这样的交往更方便人们寻求彼此的相似性，感受对方的喜爱，并把自己和他们知觉为一个社会单元。

临近带来的另一个好处就是熟识。社会心理学研究发现，人们对他人或事物的态度随着接触次数的增加变得更为积极。这就是“曝光效应”。一个生活中有趣的例证是，我们经常会觉得镜子里的自己颜值很高，可别人拍的照片却始终不那么顺眼。这都是因为我们会更加偏好那张熟悉的脸。在人际互动中，随着交往的次数增多，我们越容易与对方拥有共同的经验、共同的话题和共同的感受。

所以，如果你刚到一个新环境，又想交朋友，不妨尝试选择一个交通便利的住所；坐在靠近出入口和吧台的桌子；在靠近主要建筑的停车点等车；以及经常出现在朋友们的身边。

因素二：外表吸引力。

网络上流行过这么一句话：“喜欢一个人，始于颜值、陷于才华、忠于人品、安于陪伴”。我们会对一个人产生好感，大多数时候还真的是“始于颜值”。外表吸引力对人们第一印象的形成有着重要的作用。一般来说，我们倾向于认为外貌俊美的人更讨人喜欢、更好相处。而且人们对陌生人的外貌是否美丽的判断具有惊人的一致性。

更惊人的发现是，新生儿也偏好成人认为漂亮的面孔。研究发现，还未受到社会规范影响的婴儿，盯住漂亮面孔的时间远长于不漂亮的面孔。当然，一旦人们在相处中互相了解对方后，就会更多地关注个人的独特品质，而非外貌。

因素三：相似性。

俗话说：“物以类聚，人以群分。”在日常相处中，一旦我们发现某个人与我们自身有着相似之处，我们便会觉得这个人看起来更有吸引力。

为什么会这样呢？心理学家布雷特·佩勒姆认为，我们身上会有一种内隐的自我中心主义。也就是说，我们会更加喜欢与自己相关的事物。这不但包括我们的名字，还包括潜意识中与自己有联系的人、地方和事物。比如，校友、老乡、同龄、同种族、同信仰等。共同点越多，吸引力越大。一旦我们找到与自己相似的群体时，归属需要便会得到满足，于是更容易获得安全感。

只是，相似性也可能会导致一种内群体偏差。内群体偏差是一种对“我们”的偏爱，也就是“你和我真像，我们都更棒”。如果我们的群体是优秀的，那么我们会自豪地觉得自己也是优秀的。如果一个人被我们划分为内群体的一员，我们就更有可能对他心生好感；而如果他被我们划分到外群体，我们便更可能会夸大我们之间的差异并心生偏见。

因素四：彼此吸引。

所谓“礼尚往来，来而不往非礼也”。人际互动中的人们也会考虑奖赏的互惠性，所以我们倾向于喜欢那些喜欢我们的人。这个原则非常好理解。人际关系的基础是人与人之间的相互重视和支持。当我们获得对方的喜欢的时候，无形中就感觉到自己的自我价值得到了提升，这就是一种奖赏。

还记得那个万物皆可夸的“夸夸群”吗？很多同学表示，原本觉得自己是一个无药可救的“废柴”，但在“夸夸群”里突然就找到了自信，感觉生活好像也没那么糟糕。那么问题来了：难道被夸的人真的相信这些话吗？显然不是。

社会心理学研究发现，人们感受到的善意，并不会因为它隐藏在谎言里就打折扣。看似虚无的“彩虹屁”，其实里面包含着的却是真实的情感支持。真实性和情感是话语的两个维度。一句话可以真实而伤人：“你穿这件白色衣服真的很显胖！”“你都满脸痘了还半夜吃烧烤！”一句话也可以浮夸但温暖：“你穿这件白衣服好有治愈感哦！”“哇，在月色下喝酒、吃烤翅，你也太会生活了吧！”

马斯洛的需求层次理论提到，在生理需求、安全需求都被很好地满足了以后，社交需求和尊重需求便成了人们最强烈的需求。而“夸赞”既满足了人们社交的需求，同时也是对彼此的一种认同，可以满足人们的尊重需求。

我们都希望自己被喜欢和接受。这种愿望引导我们寻求和维持人际关系，也让我们能在生活中充分地开发自己。不要吝啬你的善意和夸赞。所以，现在，请你打开魅力之盒，尽情展现你的魅力吧！

回声六　谈恋爱可以吵架吗？

树洞来信

亲爱的树洞：

虽然我和女友都确信我们两人是相爱的。但是也常常会因为家务分工、工作分歧等问题吵得不可开交。我喜欢直来直去，而女友则比较敏感，容易情绪化。虽然吵完后也会过几天就和解了，但我也害怕继续吵下去，我们之间的感情会越来越淡。恋爱中是不是不可以吵架？

亲爱的树洞：

我和男友两个人都是毕业后选择远离家乡留在这里打拼的大学生。刚参加工作时，我们都对未来充满了憧憬，生活也充满激情。两年里无数次的莫名争执让我越来越累，开始失去了对彼此的耐心。为什么吵架呢？为了他偶尔的晚归吵架，为了他忘记重要的日子吵架，为了应不应该出去吃饭吵架，甚至是为了他没有将鞋子摆放在鞋柜里吵架……现在看起来也没有什么大事情。但是似乎总有一些小问题可以让两个人顿时火山爆发。每次吵完架，他都会摔门而出，我总是会留在家里哭泣。我会一直哭到他回来安慰我，但是随着时间的推移他对我的安慰变得越来越少，回家的时间也越来越晚，甚至是发展到了彻夜不归……恋爱中可以吵架吗？我该怎么办？

树洞回声

感谢信任，向我倾诉你们的心声。

当亲密关系中出现冲突时，你会如何面对？是笑脸相迎百般讨好？还是跟对方大吵一架？是当作什么都没发生？还是顾左右而言他？是理智地向对方讲道理？还是默默地拥抱安抚着对方？

其实，爱情的磨合有两种典型结果：一种是磨出了默契，于是心有灵犀一点通；另一种则是磨出了血肉，于是炮火连天、硝烟四起。

为何伴侣间的争吵会格外有杀伤力？这是因为，当我们和另一半彼此相爱，内心是会有很多期待的。当发生争吵，难过、委屈、沮丧、失望等情绪扑面而来时，我们的防御系统就会瞬间启动，下意识地攻击对方，将关系推向紧张。因为了解对方的软肋，所以一旦情绪上头，我们就会变成精准的狙击手，“最亲密的人说着最狠的话”。比如，“全都是你的错”“你从来没做对一件事”“别找理由了，你就是笨”“靠你不如靠自己”“再也不想见到你”“不行就分手”等。

你一定发现了吧，这些言语中充斥着责备、否定。这种带攻击性的言语背后是对对方情感的忽视，这就会让对方感到“我们的爱在消失”。接下来的回答自然是“分就分”，到这里，我们就“成功”完成了一次“互殴”。

可是有人说，好像还有一种吵架模式，就是沉默不语。的确，害怕爱情被吵架的炮火轰散，于是有人会选择忍耐，有人会选择逃避，仿佛不去争吵就可以消灭冲突。但其实，“沉默不语”也会磨出血肉模糊。

研究发现，亲密关系的四个“杀手”是：轻视否定、防卫反击、负面诠释、筑墙逃避。

我们的爱情常常是开始于“抱怨争吵”，终止于“逃避冷战”。常常有女生抱怨：“一吵架他就不说话，我越着急上火，他越一声不吭。感觉在跟空气吵架。吵了个寂寞，气了个半死。”听起来，问题好像都集中在那个“不说话”的人身上。男生不服气：“我也不是没说话啊。”那我们来看看，男生说了些什么：“我错了行了吧”“你要这么想我也没办法”“你想太多了”“随你便吧”。短短几句话，扔出来可都是“核弹”啊。

心理学上，我们把这种“明明内心愤怒不满，又不直接将负面情绪表现出来的行为”，称作“被动攻击”。发起被动攻击的人看似在被动中顺从，可实际是在用隐秘的方式发泄愤怒。如果你问他们：“为什么不说话?”他们说：“你越想吵，我就越不和你吵。”这里是不是也透露着隐藏的攻击性呢?

使用被动攻击的人，多数是为了减少冲突，避免让争吵恶化下去。可是他们不知道，其实被动攻击比争吵更可怕。被动攻击的可怕之处在于，让两个亲密的人缺少了情感链接。使用被动攻击的人就是用拒绝回应(如不接电话、不回信息、不回家)来阻断彼此的联结，表达着自己的不满。所谓“无回应之地，即是绝境”。

因此，我们常常会看到一旦被动攻击进入恋爱关系，就会出现一种无解的循环：意见不合时，一方“筑墙逃避”，一方“穷追猛打”，一方越“穷追猛打”，一方越“筑墙逃避”。在不断地逼迫和退让之中，双方都降低了对关系的满意度。不难发现，当爱情中出现“被动攻击”，双方都需要做点改变。

首先，当我们面对爱人的被动攻击时，可能缺乏了一些耐心和理解，所以才会给予更加激烈的反馈。当然，被动攻击者们也有苦衷。成年后的被动攻击，其实是他们童年习得的习惯，大多来自对童年早期经验的复制，是一种情感投射。他们小时候往往在和父母、同学、师生关系中处于无力反抗的弱势，被动攻击就成为维持尊严、自我保护的手段。那么，什么时候他们特别不想说话呢?

一种情况是在情绪顶峰(所谓“气头上”)时。强烈的情绪对于被动攻击者们来说是一种过重的认知负担，所以一发生冲突，他们就选择立刻躲得远远的。另一种情况是谈到禁忌话题时(“这件事我没法跟你谈”)。没法谈的禁忌话题有可能是对方的创伤，所以他们选择回避；这种回避也有可能是潜意识中对另一半的考验——来考验伴侣是否会离开自己。

所以，作为“墙”的另一半，我们就要学会识别他们准备发起被动攻击的信号。避其锋芒，绝对不要用直接攻击进行反击(如“你还有理了?”)针锋相对会让他们感觉自己愤怒的权利被剥夺，以至于重回儿时不被尊重、不被爱的弱势感受里面。其实，他们更需要你的帮助。帮助他们意识到自己并非弱势的一方，不满情绪可以表达，而且更加应该表达自己的情绪。

其次，需要注意，被动攻击的人往往具备“回避型人格”的特征。他们往往对自我能力感到不足，对负面评价极其敏感。所以当他们开始“被动攻击”，便听不得拐弯抹角，听不得别人的“暗暗指责”。更合适的解决办法，不如将话题仅限在当下发生的事件本身。比如，当他说：“你随便吧！”不要回答“你怎么每次都不情愿、你怎么总这样”，而是专注于当下这个具体问题，告诉他：“‘你随便吧’这句话让我不舒服，我不是在强迫你同意我的观点，而是希望一起商量。”

最后，习惯被动攻击的人们，需要重新认识自己的真实需求。“沉默”只是你的一种保护机制。沉默能逃避一时的冲突，却不能解决所有的问题。不要惧怕争吵影响感情。其实，从某种角度来说，吵架才是情感联结的一种方式。只有允许情绪发生，才能看见问题，寻找解决问题的契机。爱情中之所以会出现被动攻击，归根到底，其实还是因为双方的沟通、互动不足。要从源头解决“被动攻击”的问题，还得找到两个人最合适的沟通互动方式。

著名婚姻心理学家约翰·戈特曼博士用40年时间，发现影响甚至决定一段亲密关系走向的最重要因素，是这段关系中“积极互动”和“消极互动”的比例。一段幸福爱情的比例，应该是积极互动∶消极互动＝5∶1。大概可以理解为，最完美的爱情应该是每过五天好日子，就痛快吵一架。

当然，这种吵架应该是“建设性争吵”，即双方都能够自由地表达愤怒，同时不会过分愤怒导致场面失控，只为让对方理解自己的情绪。吵架过程中，双方又能够通过互相妥协，最终达成共识。吵架不是为了吵赢对方；而是为了“表达情绪、表达需求、表达期待、等待回应”。当情侣学会建设性争吵，双方就能在爱情路上更高效地达成共识、解决冲突，使感情更加紧密牢固。

现在你觉得谈恋爱可以吵架吗？

是不是感觉，吵架并没有想象的那么可怕？但负面情绪和冲突性语言如果难以避免，不吵架也是极好的。

不过，冲突本身不是问题，如何应对冲突才是问题。其实，每一次冲突都能在我们的努力下，变成一次彼此更了解的契机。当你用适合彼此的方式解决了冲突，你和对方的亲密关系将会更加融洽。这样，吵架就成为了亲密的助燃剂。

回声七　为何放不下手机？

树洞来信

亲爱的树洞：

我从初二开始频繁使用手机，高一阶段手机的使用时间达到顶峰，在学校上课期间，有时会偷偷玩游戏，每天的午休时间全部用于玩手机游戏和刷短视频，晚上放学回家要玩到凌晨两三点，有时候还会通宵玩手机，一远离手机就会有烦躁感，因为总玩手机所以成绩也不好。现在我高三了，想拼一下。于是我开始控制手机的使用时间，但都没有成功。其实在看完短视频或者打完游戏后，我也觉得没多大意思，但是又感觉“不玩手机也不知道干什么”。现在我对自己的学习和人际关系现状非常不满，担心自己考不上大学，感到烦躁不安、闷闷不乐，也容易发脾气。我想尽快恢复正常的学习生活。

亲爱的树洞：

我是一名大二学生。我感觉自己对手机有依赖，手机不在身边就紧张焦虑。总想看看手机里有没有信息。明明用的是学习软件，但动不动就想切到别的界面去，不自觉地打开了微博、微信。我也会告诫自己，要专心按计划学习。可是一段时间后我就会想“都学这么久了，适当放松一下没关系”。于是又会拿起手机，陷入虚拟世界之中。所以常常是计划赶不上变化。“拿起手机也焦虑，放下手机也焦虑”的生活严重影响了我的生活质量。甚至偶尔会有幻听，错认为有手机在响。

树洞回声

感谢信任，向我倾诉你们的心声。

也不知从什么时候起，聚会中、课堂里、会场上、开车时，人们手边都离不开这样一个物品——手机！有人说，手机是现代人最亲密的伙伴；也有人说，手机已经成为了人们的“外挂器官”。总之，手机让人们割舍不下！

你可以计算一下每天使用手机的时长，然后再计算一下每天的睡眠时长。结果是不是有些惊人？很可能手机的使用时长甚至超过了我们的睡眠时长。在手机里，我们总是很忙碌。有孩子说“我的爸爸、妈妈被手机偷走了”；有伴侣说“我的丈夫、妻子被手机抢走了”。手机为何能如此吸引我们呢？

首先，让我们来聊一聊巴甫洛夫的狗和他的经典条件反射实验。

巴甫洛夫的经典条件反射实验

心理学家伊万·巴甫洛夫——他首次描述了经典条件反射的作用，一种建立在“产生联结”上的学习过程。巴甫洛夫成功地训练了他的狗，把节拍器的声音和随后投喂的食物联系在一起。在不断重复二者的匹配后，狗只要听见节拍器的声音就会分泌唾液——甚至看到节拍器都会！如果你是一位养猫/狗的成功人士，你可能已经发现，单是开罐头的声音就能把你的小可爱吸引到厨房。这就是条件反射的巨大吸引力！

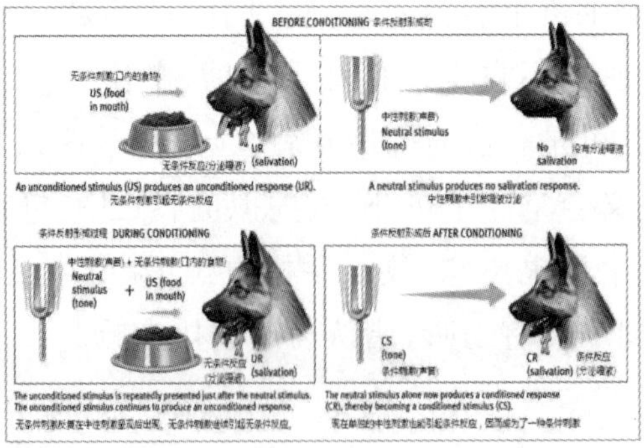

不仅猫和狗会产生反射，人类也会，而且数量远超你的想象。比如，当我们打开手机，瞬间就能找到我们想要的信息和朋友——你不说话，手机就会懂你，而且一定要让你知道。于是，即时满足的成就感与点开手机进行了联结，就变成了巴甫洛夫实验中的食物和铃声，而我们也自然变成了巴甫洛夫的“聪明小狗”。不断重复地匹配，不仅让我们刷机时无比兴奋；而且让我们对消息振铃都产生了反射性回应。比如，听见别人兜里一声响，我们都会下意识地去摸自己的手机，要是铃声一样，可能我们会误以为是自己有人找。

这还不足以解释手机的巨大魅力。行为主义心理学家斯金纳教授提出了另一种反射机制：操作性条件反射。如果人们的自发行为得到了强化（如奖励），行为的发生率就会提高。而且，如果强化随机不固定，那么行为的发生率会更高。这就不难理解了，为何我们会一直玩手机，一直停不下来。

手机成瘾，其实就是一种“赌博式”陷阱。通过刷屏，源源不断地刷出有趣的新内容。只要你一直刷，内容就一直有，永远没有刷到底的时候。因为推送的随机性，你无法预测下一条是什么内容。——这就像赌博，人们不知道下次赢钱是什么时候。但人们知道自己早晚会赢。玩手机带给我们的随机奖赏刺激，让我们根本停不下来。因为，只要停下来，我们就有可能错失“赢”的可能。这时候，我们陷入了“手机陷阱”。仿佛只有不断刷出更多的快乐，才能让快乐变持久。

现在的你大概明白了吧，为何有人会感叹：“只要与手机共处一室，就会放不下它。”

技术是把双刃剑。手机也许能带给我们许多便利，却又悄悄地从我们手中偷走了一些东西，比如，专注力。有人说万物互联，碎片化的学习能带给人们更丰富的知识。真是如此美妙吗？痛心的事实告诉我们，手机让我们持续处于警醒状态，因而造成了注意力的涣散。碎片化学习的效果也并不比集中学习好，还会让我们容易产生一种获得知识的错觉。快速多元化地获取资讯，只有在建构了自己知识体系的前提下，才能有效地吸收知识。所以，朋友圈的随意转发，轻轻掠过的资讯，都是未经深度思考的信息，吸收有限。每日更新的海量信息，也并没有想象中那么有价值。经过他人加工后的信息可能还会限制我们思考的深度。更糟糕的是，太容易满足会让我们的大脑越来越懒惰。比如，买菜间隙必须打开软件听个书；取快递间隙必须打开软件听个歌；路边等车，必须打开朋友圈了解下朋友们的最新动态；公交地铁上，必须看个新闻、追会剧、回复几句消息……如此一来，我们的注意力就无时无刻处于一种高度紧张的、不断试图寻找刺激的状态。当心中填满了各种刺激源的时候，整个人会变得浮躁又焦虑。

在心理咨询过程中，一位女生曾说："我不是一个喜欢玩手机的人，对网上购物兴趣也不大。但不知道怎么，最近就总是喜欢玩手机。"她刻意在休息时间不碰手机，情况非但没有好转，她反而变得更加心神不宁，做什么事情都心不在焉。原来，最近她报了几个辅导班，学业压力突然增大，又兼职了一份工作。滑动手机屏幕的时候，她身心舒畅，因为可以暂时忘却那些现实的压力。可一旦放下手机，所有的焦虑都会成倍返还。

原来，我们在手机里拖延的时刻、耗费的精神，都是为了逃避眼前亟待解决的问题。焦虑驱动我们利用玩手机来饮鸩止渴。但每玩一会手机，我们就更焦虑一点。这个恶性循环导致我们对手机彻底上瘾。当我们想要放下手机时，就会引发恐慌。所以，玩的是手机，失控的却是人生。

有人说，手机稳稳地在那里，比任何一个陪伴者都真诚，它能给你想要的一切，而且还快！所以，我们或许需要的不是长期抱着手机，而是手机带给我们那种陪伴感，仿佛有了手机我们就不再孤单。当我们对手机有着强烈需求时，不妨放下手机，觉察一下内心真实的需求！让自己停下来，感受当下。再想想，能不能从生活中去找到满足需求的办法，比如专心于食物的味道，或认真倾听家人朋友们的说话。

把无聊的闲暇时光用来观察、思考，你的人生会更好。不要躲在手机后面，更不要被手机绑架。

回声八　要“好好说话”

树洞来信

亲爱的树洞：

每次我与母亲通话，总是以不愉快结束。在学校发生了不愉快的事情，本想着向妈妈吐槽、抱怨一下，结果被她好一顿教育。说得我都觉得是我的错。每次放假回家，我在家待着，她就说我自闭，不爱和人交流，性格有问题；我和朋友出去玩，她又说我每天不回家心都野了，认识一堆狐朋狗友……这个时候我就想赶紧回学校。

树洞回声

感谢你的信任，向我倾诉你的心声。

常常听见父母或者伴侣抱怨：“怎么现在什么话都不和我说了？不是问一句答一句，就是沉默不语。”儿时的我们对父母无话不说；新婚时我们对伴侣无话不谈。但是从什么开始，亲密的人们之间开始渐行渐远渐无言了呢？或许就是从家人们不能“好好说话”开始的吧！

《非暴力沟通》一书中写道：“也许我们并不认为自己的谈话方式是暴力的，但我们的语言常常引发自己与他人的痛苦。”家庭里的语言伤害常被我们忽略，因为它会戴着“爱”的面具。

这些情境是不是也在你生活中出现过？爱荷华大学一项研究显示，父母每天对孩子说的话语中，只有不到20%的表述是积极和充满鼓励的。平均一天里，一个孩子会得到超过400条负面评论，远多于30多条正面评论。

"怎么老是这样?"

"笨死了!"

"再哭就不要你了!"

"快点,写作业去!"

"摔下来,我可不管!"

"就不能让我省点心么?"

"为什么别人能做到你就做不到!"

"你脑袋里装的是草?"

"以后一定没出息!"

……

短短的对话里包含指责、谩骂、威胁、命令、说教、警告、控诉、比较、讽刺和失败的语言。满口是爱却面目狰狞,这就是大多数家庭中的语言暴力的状况。语言暴力隐性、持续、伤人于无形。宛如一颗存在于日常,随时可以飞过来的子弹,虽不攻身却能攻心,伤害指数还格外惊人。

所谓"良言一句三冬暖,恶语伤人六月寒"。语言暴力真的会像身体伤害一样,让人感到疼痛吗?答案是肯定的。密歇根大学的一项实验发现:当一个人受到语言暴力攻击,他的情绪疼痛在大脑区域反应和身体疼痛极为相似,神经系统能体验到几乎相同级别的疼痛。

更加可怕的是,语言暴力还会影响大脑的发育。哈佛大学医学院的研究发现:语言暴力最容易影响的大脑区域是胼胝体、海马回和前额叶。这几个脑区主要负责管理人们的认知、情绪、思考和决策。如果孩子长期处于语言暴力的家庭环境中,那么左脑会发育不良甚至停滞发育;由于持续分泌应激激素皮质醇来应对紧张的情绪,海马体会逐渐萎缩,前额叶会持续活跃。孩子们更容易出现焦虑、记忆力障碍,注意力缺失等症状。

心理学家阿德勒曾说:"幸福的人用童年治愈一生,不幸的人用一生治愈童年。"对于孩子们来说,语言暴力的影响可能是伴随一生的。语言暴力还有可能把孩子推向另一个极端。研究发现,青少年犯罪与童年时期遭受语言暴力有强烈的联系。

公益影片《暴力语言会变成凶器吗?》

这部影片获得了第57届戛纳国际创意节的银奖。影片中主人公是来自沈阳市少管所的6名少年犯,无一例外,孩子们都曾遭受过密集而惨烈的语言暴力攻击。影片生动展示了这些语言如何真实地转化为致命武器。有人说,这些孩子扎在别人身上的凶器,是父母亲手递过去的。父母的恶言,不仅会毁了孩子的一生也可能给其他家庭带来致命的伤害。

因此,家庭的幸福从好好说话开始。

心理学家马歇尔·卢森堡主张使用一种更为有效的沟通方式——非暴力沟通。非暴力沟通是一种通过寻求共情和共享来建立连接的沟通方式,可以更好地应对家庭中的冲突。

非暴力沟通四个要素分别是:摆事实、谈感受、懂需求、提要求。

第一,摆事实而不是给评价。因为评价容易引起辩解、对抗甚至敌意,导致沟通失败。

这是观察:你玩手机有一个半小时了。

这是评价:你根本不爱学习。

这是观察:我的生日没有收到你的祝福和礼物。

这是评价:你竟然忘了我的生日,根本不爱我。

第二，谈感受而不是谈想法。感受立足自身，目的是让家人之间有更多理解。而想法常以攻击对方为目的，容易引起情绪失控。

这是感受：我感到孤独。（孤独是感受）

这是想法：根本不爱我。（不爱是想法）

这是感受：对于你的所作所为，我非常生气。（生气是感受）

这是想法：我怎么会有你这样失败的孩子。（失败的孩子是想法）

第三，懂需求而不是乱指责。感受的根源在于我们自身的需要。萨提亚认为，批评指责往往暗含着期待，间接表达了我们尚未满足的需要。通过批评来提出主张，收到的回应更有可能是申辩和回击。若直接表达需要，他人更有可能积极地回应。

这是需要：失望，是因为我们希望你多些努力。

这是指责：我们为了你这么辛苦，你就是个白眼狼。

这是需要：我需要收到生日祝福以确认你是爱我的。

这是指责：自私，只关心自己不关心我。

第四，提要求而不是下命令。请相信，要求越具体清晰，越不带强迫感，越能得到积极回应。

这是请求：我想跟你一起想想，有什么方法可以快点完成作业。

这是命令：给我搞快点。

这是请求：我希望你能帮我分担一些家务，尤其是晚上孩子放学后。

这是命令：给我多做点家务！

现在我们已经拥有了非暴力沟通的公式:非暴力沟通 = “我观察到” + “我感到” + “是因为” + “我请求”。举例来说,你想请伴侣帮助你做家务,可以说,“我看你现在好像没有什么事情,我现在打算清洁厨房,但是客厅和卧室的地板也需要拖一下,我很需要你的帮助,能不能你负责拖地呢?”

会说话的人说出的话让人心醉,不会说话的人说出的话让人心碎。家庭中的每一个人都是幸福的创造者。当伤害的语言快要脱口而出时,请停下来告诉自己:任何需求和情绪都可以用更温和的方式表达。好好说话,是我们能给家人最大的温柔。希望每个人每一天都可以被温柔包围。

回声九　我们都需要高质量陪伴

树洞来信

亲爱的树洞：

我感觉老公对我漠不关心。谈恋爱的时候还挺风花雪月、甜言蜜语，这才结婚没多久，生日也没有礼物，回家也不打招呼，跟他说话总说工作忙，可再忙也不能完全没有时间关注家人吧？上个月我生病发烧，老公在外地出差。电话里的他说了一句“多喝热水”就挂断了。我当时眼泪就下来了，感觉自己像个孤儿一样无助。我知道他工作辛苦，可我也需要被在乎啊！

亲爱的树洞：

我们从大一就开始谈恋爱，一直相处得比较愉快，已经到了谈婚论嫁的阶段。但是有个分歧就是女友太黏人，总嫌我陪她的时间不够多。但我也有我自己的事情啊，我要健身、打篮球，有时也会出去跟好哥们聚餐、打牌。这些可能都需要一些私人空间和时间。每当有人约我时，女友就会生气。刚开始是生闷气，后来变本加厉直接吵架。我们两个因为这样的事情吵过很多次了。她总是说，这样下去怎么能结婚呢？我也纳闷，我其实平时也会陪她吃饭、逛街、看电影，她都不记得了吗？

树洞回声

感谢信任，向我倾诉你们的心声。

杨绛先生在《我们仨》中写道：“我们这个家，很朴素；我们三个人，很单纯。只求相聚在一起，相守在一起，各自做力所能及的事。碰到困难，我们一同承担，困难就不复困难；我们相伴相助，不论什么苦涩艰辛的事，都能变得甜润。我们稍有一点快乐，也会变得非常快乐。”

每次读完《我们仨》，我都觉得十分温暖。文字中既没有亲人离世的悲泣，也没有只身一人的孤单；唯有平凡岁月中的温情陪伴。我们都知道“陪伴是最长情的告白”。然而繁忙的工作、快节奏的生活，正悄无声息地剥夺着我们陪伴爱人的时间与质量。不知大家是否也会徘徊在这样的矛盾里呢？

公益片：《熊孩子　好孩子》

《熊孩子　好孩子》是天猫亲子节的一则公益短片。短片描述了三对家庭里亲子之间的故事。熬了一个星期敲下的程序代码被家里的“熊孩子”瞬间毁掉；趁妈妈敷面膜的间隙，“熊孩子”把妈妈的面膜包装全部拆开铺满地；为了帮助妈妈完成画作，“熊孩子”在妈妈未完成的作品上“画龙点睛”肆意涂鸦。然而看似淘气的熊孩子，可能也有你不知道的一面。父母们是否了解孩子们真正的想法和他们对你的爱呢？短片给了大家不一样的答案。

“孩子想什么，用心陪才懂。”陪伴是给予彼此温暖和幸福的行为。但为什么有时亲密爱人就在我们身边，我们却感受不到温暖呢？问题的关键未必是“时间”，而是“陪伴质量”。

“陪着”并不等于“陪伴”。生活中许多父母/伴侣，看似和孩子/爱人身处一个空间，却其实像两条平行线无法相交。正如视频里的三个家庭，爸爸、妈妈看似在陪伴孩子，实际人在心不在。

《2017 中国家庭亲子陪伴白皮书》中有这样一组数据：97.2%的家长愿意花时间陪孩子，但在过程中经常开小差，47.6%的家长会兼做家务，38.4%的家长会经常看朋友圈、刷微博；49%的家长陪伴时只会旁观，不会参与到孩子的世界里面去；51.9%的家长在工作和陪孩子发生冲突的时候，选择了工作。

家庭治疗大师萨提亚曾提到“如果你真的不能给他们太多时间，就一定要在与他们在一起的时候，给他们有质量的陪伴”。心理学研究也发现，如果亲密关系是高质量的，那么投入时间跟个体的幸福指数会呈正相关；但如果互动本身是低质量的，投入的时间的数就不能预测生活满意度的变化。

那么，怎样的陪伴才算是高质量的陪伴呢？高质量的陪伴里，“陪”的不是时间而是关系。我们可以使用“精心时刻”来提高陪伴质量。精心时刻是“爱的五种语言”的一种“爱语”，由婚姻辅导专家盖瑞・查普曼提出。查普曼博士强调与亲密他人相处时，要创造一种“与你同在”的感受，此刻对方的需要被看见，情绪被允许。“精心时刻”才是一种最优质的陪伴。那么，如何创造精心时刻呢？

方法一：全神贯注。

“陪着”与“陪伴”的首要区别就在于是否把全部注意力放在了对方身上。首先，需要保持目光的接触，其次，我们不要同时做其他事情，如聚餐的时候大家围着饭桌刷手机、游玩的时候各自打着电话谈工作。这都不能叫作“精心时刻”，只能叫作“待在一起”。

《少年说》节目中，孩子们曾向父母说出了自己的心声：“我一直以为，手机才是你们的孩子。每次抬起头看向你们，你们只是盯着手机。”“世界上最遥远的距离是，我和你在一起，而你却在一直看手机。”

孩子们的声声呐喊震耳欲聋，他们要的是陪伴，而不是陪着。他们并不苛求父母时刻陪在身边，却渴望在相处的时光里，成为父母世界里的唯一。

方法二：精心的对话。

精心时刻强调要把重点放在倾听对方的感受上，创造共情式的陪伴。大家想想，当我们说出“我想你陪陪我”时，我们想得到的是什么？或许是被看见和被理解吧！

一般来说，当人面对负性感受时，会有两种矛盾的需求：一种是“藏起来”，一种是“被找到”。藏起来是怕被发现后的不堪；又希望被懂的人找到，因为一个人咀嚼痛苦实在太孤独了。高质量的陪伴仿佛开启了我们的“被找到”，它会告诉我们“没关系，在这里，你做自己就好”。

所以，当有人需要你的陪伴时，请不要试图劝说他马上改变。因为，我们的目标是理解对方，不是证明道理的对错。很多父母常常喜欢纠正错误。孩子玩土，嫌孩子弄脏衣服；孩子自己吃饭，嫌孩子吃得慢还挑食；孩子抱怨作业多，嫌孩子不够勤奋。一些夫妻之间也是如此，丈夫不说话，嫌丈夫沉默无趣；妻子说话多，嫌妻子唠叨不可爱。当我们想要改变对方时，无论出发点多么好，道理多么正确，其实都在传递：我不喜欢你现在的样子，你应该变成另外一个样子。这就会让对方心生抗拒。那么，怎样才是共情式陪伴？

关注，但不打扰。比如：

你抱怨，我陪你抱怨；

你生气，我陪你生气；

你挫败，我陪你挫败；

你难过，我陪你难过；

你孤独，我陪你孤独。

我不改变你，只陪伴你。其实，对于深陷痛苦与烦恼的人们来说，那种“打鸡血、撒阳光”式的开导（“不会啊、不是啊、你很好啊、一切都会好起来的”），更多的是让对方感到不理解和不被允许。而理解他的感受、承认他的痛苦；不“期望”他快快好起来；鼓励他表达真实的感受，才能表达出共情。

方法三：优质的活动。

陪伴的前提是参与，没有参与就没有陪伴。优质活动的目的就是创造属于你们在一起的共同回忆。《我们仨》中有一段是这样描述的："圆圆去世，六十岁还欠两个多月。去世前一两个月。她躺在病床上还在写《我们仨》。第一节就是《爸爸逗我玩》。"可见，对于钱瑗而言，爸爸逗她玩的趣事是她人生中最美好的记忆。如果要你回忆，与孩子或者伴侣在一起时都做了哪些事情让彼此感受到了爱，你会给出怎样的答案呢？

一所幼儿园在心愿收集活动中发现，孩子们的愿望五花八门，却有很多都与父母有关，比如，希望妈妈能够早上陪我吃好早饭再去上班；希望爸爸下班回家早一点，不要经常加班；希望爸爸、妈妈周末一起带我去动物园……孩子们渴望的礼物并不是零食和玩具，而是与父母相处的亲密时光。

优质活动可以有各种形式，比如散步、运动、听音乐、阅读、手工、做游戏等，甚至可以一起做家务。笔者就深有感受，每次腊月与孩子一起大扫除的经历，都会让她记忆犹新。哪次窗花贴错了，哪次擦玻璃夹手了，哪次扫出了床下的宝贝等。其实，做什么并不重要，重要的是在陪伴的过程中，你给对方留下了什么样的感受。如果双方都感觉很开心、很有趣，这就是你们的优质活动。

现在，集齐了"全神贯注""精心对话"和"优质活动"的时刻，是不是有一个让你能感受到"与你同在"的精心时刻呢？精心时刻越多，我们记忆银行里储存的爱就越多。

人生缘始于"遇见"，情长于"陪伴"。陪伴，虽平常，却温暖，更珍贵！因为有人愿意把最美好的东西给你，那就是时间。祝愿大家都能在生命的旅途中，遇见陪伴，付出陪伴，珍惜陪伴。

回声十　他人遭遇困境，该不该出手相助？

树洞来信

亲爱的树洞：

我们班有位同学患有口吃，性格内向，经常被班里一帮男生取笑。他们会经常学他上课时结结巴巴的发言，还给他起外号。那天下课，几个男生又围着这位同学学他说话，还不允许他离开。我知道这是校园欺凌，是不对的。我也想跟老师报告，但是又有点担忧。其他同学也知道这个事情，但是没有人告诉老师。如果同学们知道是我报告的，会不会另眼相看，认为我是一个喜欢“嚼舌根”的人。

亲爱的树洞：

我是一名刚刚毕业的大学生，也是一名职场新人。最近的经历让我十分困惑，是否“各人自扫门前雪，休管他人瓦上霜”才是生存之道。我们部门有个年轻同事，和我一样也是刚进公司不久的新人。因为性格内向、不善言辞，老员工常常会把一些琐碎的、额外的工作，甚至是私人的任务都推给他，然而又会在背后嘲笑他的工作能力。起初，我很想替他打抱不平。但过了一段时间后，好像我也习惯了。夜深人静时，我会思考，是什么让我退缩犹豫的？是什么让我习以为常的？虽然我们从小一直被教育要乐于助人，但是真要拔刀相助时，很多人却会自保退缩。

树洞回声

感谢信任，向我倾诉你们的心声。

你心中的英雄是怎样的？是不是有着超凡的智慧？或者有着过人的力量？又或者天赋异禀、身怀巨大潜能？我们心中的英雄，仿佛只有在危难时刻才会出现，他们从天而降、所向披靡、解救苍生。而我们仿佛什么都做不了，只能在无力和焦灼中等待被救赎。真的如此吗？

2023 年 7 月 20 日，河南郑州连降特大暴雨。突然之间，城市交通瘫痪，街道严重积水，出行市民被洪水围困。但肆虐的洪水，挡不住人性的温暖。快递小哥陪伴着被困公交车的老人；路人协作搭救孤立无援的祖孙；高速路上市民自发分享食物；免费提供水饺、馄饨的小吃店；安顿路人的电影院、图书馆；打着手电接生的妇产科医生；还有地铁 5 号线上的集体自救……有人说“到处可以听见相互安慰的声音，随处可以看见相互扶持的强大臂弯”。

请看下面这幅插画。

这幅插画的作者是微博用户“李彬 BinLee”。在画中，几位大人在混着黄泥、眼看就能淹没他们的深水中艰难前进。他们簇拥着的是一个蓝色大桶，桶中是一个眼含泪水、无助又可怜的小朋友。这是发生在大暴雨中的真实事件。看到画的网友们纷纷“泪崩”了。然而，细心的网友们还发现了一个特别之处：四个大人没有五官也没有表情，而孩子有。对，他们并不是哪位特定的人，他们代表的是日常生活中普普通通、危难来临却无比英勇的平民英雄。

世界上没有从天而降的英雄，只有挺身而出的凡人。卡尔·梅宁格曾说：“爱能拯救人——不论是施与爱的人还是得到爱的人。”虽然表达善意未必一定能得到善意的回馈，但在人类历史长河中从来不缺乏帮助。

人们为什么会给他人帮助？什么时候会更倾向于帮助他人？谁会做出帮助行为？怎样才能减少冷漠而增加帮助行为？今天，我们就来谈一谈：利他行为。利他行为是一种不期望任何形式回报的自愿的帮助他人的行为。

第一个问题：为什么我们会选择帮助他人呢？

进化论从生物学角度；社会交换论从心理学角度；社会规范理论从社会学角度分别解释了利他行为产生的内、外部原因。

首先，进化论假定利他行为是一种根植于人类基因的行为。比如，在优胜劣汰的自然界，动物们也会做出“互助友爱”的利他行为。雄蜘蛛和雄螳螂往往在交配后被伴侣吃掉，为伴侣养育后代提供营养；某些鸟群在面对食物匮乏的困境时，年老的鸟会主动离开族群，自生自灭。这种自我牺牲的极端利他的行为，是为了保证基因的延续。

与动物相比，人类的利他行为动机更为复杂。社会交换理论认为，人们在帮助他人时，是希望自己获得某种社会赞赏的。当报酬大于付出时人们才会帮助他人。而社会规范规定了我们生活中适宜的行为和应尽的义务。互惠规范要求我们要对帮助过自己的人报之以帮助而不是伤害；责任规范则召唤我们帮助那些需要帮助的人，比如儿童、残疾人。

第二个问题：哪些因素影响了人们提供或者不提供帮助？

社会心理学试验发现了四个影响因素：旁观者、榜样、求助者、助人者。

旁观者的在场，会大大降低人们对事件的干预。随着紧急情境中旁观者人数的增加，每一位旁观者将更少注意到这个事件；更少将其解释为紧急事件；更不认为自己负有干预的责任。可怕的吉诺维斯案就是如此发生的。

那么人们在什么时候最有可能去帮助他人呢？当看到别人在提供帮助行为时，人们也更可能提供帮助行为；当时间不太紧急时，他也更可能提供帮助行为；我们更愿意为那些和我们相似的人提供帮助。

那么，人群中是不是有些人特别善于乐于助人？研究发现，利他行为与助人者的情感状态和人格特质相关。比如，内疚感和消极心境会影响我们帮助他人的行为。当我们犯下的错误被他人知晓时，我们就更想用帮助行为来挽回自己。即使我们的内疚感不为他人所知的，我们也会用行动来减轻它。另外，快乐的人更乐于帮助别人。实验表明，利他行为能够缓解不好的心境，也能维持好的心境。处于好的心境时，比如，收到礼物或者取得成功，人们更可能产生积极的想法，并乐于助人。除此之外，研究还发现，那些具有较多的积极情绪、较高的共情能力和自我效能感的人更关心人，也更容易表现出利他行为。

其实，利他行为是时时刻刻发生在我们日常生活中的，也可以让我们体会到确确实实的美妙感受。

真正的善举是无声的，这世间，总有人在你身边默默地保护你，偷偷地帮助你。或许你不曾发现也不会记得，但当你有所察觉或是开始明白的时候，恰好你也度过了那样一段艰难困苦的岁月。

还记得习近平总书记二〇二一年的新年贺词吗？“平凡铸就伟大，英雄来自人民。每个人都了不起！”在过去的艰难岁月中，一个个义无反顾的身影，一次次心手相连的接力，一幕幕感人至深的场景，生动地展示了平凡中国人民的伟大精神。

没有从天而降的英雄，只有挺身而出的凡人。在我们不经意的地方，渺小的你，也许很平凡。但只要你伸出手，释放你的善意，你就是别人故事里、心里、话语里的英雄，或崇拜、或期许、或习惯。我相信，你付出的善良里，藏着你未来的路。

每一个平凡的善举，都值得致敬！

第七篇

沟通宝典
——人际交往训练方案

亲爱的你，还记得么？在第六篇里，我们提到了“人的大多数烦恼中都会有他人的因素”。你赞同吗？想想孤独，这种看似属于个人的感受，似乎也是因为跟他人有着难以靠近的距离才产生。正因如此，在关系中产生的困扰，需要回到关系中解决。社会心理学家库利说：“每个人都是另一个人的一面镜子，反映着另一个过路者。”人际关系之所以重要，是因为透过关系这面镜子，你或许才能探访到更真实的自己。而交往的最终目标或许是促进关系里的你、我、他都能有所成长。

接下来，我们为你准备了16个关于人际关系训练的疗愈活动。帮助你探索人际关系状态、在关系中的情感体验和需要，以及与他人沟通互动的模式。多数活动是需要通过图画的形式完成的。为何采用图画形式呢？这是因为图画作为一种无声的语言，能比文字更清晰、更自由地表达我们的所思所想。请你相信，这绝不是臆断推测，而是由众多研究数据支撑的结论。也请你无需担心，即使你没有艺术天赋或者绘画经验，最简单的点、线、面的组合涂鸦也能传达内在声音。最后，如果你愿意，可以写下你的体验感受，图画是对抽象思维的具象化表达，反思则会将这些无意识表达梳理的更加清晰，以增强我们的自我觉察。

类别一　关系探索类

活动一：乔哈里窗——探索多维自我

你有没有过这样的经历：在与朋友相处时，他们突然指出你的某个习惯或行为，而你自己却从来没意识到过。或者，你内心隐藏着许多想法，却从未向他人透露，生怕别人会误解你。这种“我以为你知道”或“你永远也不懂我”的矛盾，常常让人际关系变得复杂和微妙。接下来，让我们借用乔哈里视窗来探索不同关系中的自己吧。

活动目的：多维度探索自我认知，挖掘个人潜能和特质，提升人际沟通能力。

活动材料：白纸、彩色马克笔、油画棒、胶水、图案纸等。

活动步骤：

步骤一　请写出20句“我是一个……的人”。请尽量选择一些能反映个人独特风格的语句，避免出现“我是一个男/女生”这样的句子（附录一　“20个我是谁”图案纸）。

步骤二　将“20个我”分类贴到乔哈里窗的合适区域。多数情况下，“20个我”只能填入公开区和隐秘区；盲目区和未知区可以请同伴帮助你完成（附录二　乔哈里窗图案纸）。

步骤三　请仔细观察你的乔哈里窗。在四个区域中，分别用不同颜色标注出“我喜欢的我”（红色）和“我不喜欢的我”（蓝色）。

步骤四　请你思考：哪个区的“我”最多？哪个区的“我喜欢的我”最多？哪个区的“我不喜欢的我”最多？“公开我”和“隐秘我”两个区域的

"我"是否不一致？盲目区的"我"有哪些是被我认可的？如果要将它们放入公开区或者隐秘区，我会如何选择？

步骤五　乔哈里窗的公开区大小决定了我们在与他人交往的开放程度。公开区越大，我们与他人的沟通越便利，信任程度越高，产生的误会也会因此减少。当然，一个人也不可能全部是公开区。现在请你重新规划你的乔哈里窗。关于"我不喜欢的我"也可以询问一下同伴的反馈。现在，在多次的自我探索和询问他人后，你是否对自己有了更全面深入的了解呢？如果你有对自己特质的一些期待，不妨填入未知区。

想一想

完成作品后，请仔细观察你的图画，并思考：

- 活动过程中，我的身体感受与体验是怎样的？
- 我对自己有了哪些新的认识？

我的感受：

补充阅读

乔哈里窗模型

乔哈里窗(Johari Window)也被称为“自我意识的发现——反馈模型”。最初由乔瑟夫·勒夫(Joseph Luft)和哈里·英格拉姆(Harry Ingram)于20世纪50年代提出,把将人际沟通的信息比作一个窗,分为四个区域。

公开区(Open Area):这个区域的信息是你和别人都知道的“公开信息”。比如,姓名、职业,甚至爱好、经历等。公开区的信息具有相对性,有些信息对于某些人来说是公开的,而对于另一些人可能是隐秘的。公开区越大,人与人之间在沟通时就越容易理解,越不易产生误会。

盲目区(Blind Spot):这个区域的信息是自己不知道,别人却知道的盲点。比如,个性弱点、不好的习惯、自己某些处事方式给别人带来的感受等。盲目区如果越来越大,可能信任亲密的人就越少。

隐秘区(Hidden Area):这个区域的信息是自己知道但别人不知道的“秘密区”。比如,个人的某些经历、内心的希望、心愿、秘密、偏好等。沟通中适度地打开隐藏区,可以增加沟通的成功率。

未知区(Unknown Area):这是最神秘的区域——自己和别人都不知道的信息。它可能是你尚未发现的潜能、特质,也可能是未经历过的感受。

	自己知道	自己不知道
别人知道	我知他知 开放区	我不知他知 盲目区
别人不知道	我知他不知 隐秘区	我不知他不知 未知区

乔哈里窗

提出乔哈里窗的学者认为，真正有效的沟通，只能在开放区进行。开放区内，双方彼此了解，沟通的信息可以共享，沟通的效果更让人满意。因此，在人际沟通时，要尽可能扩大开放区，缩小盲区、隐藏区和未知区，最大化开放区。那么要如何减小其他三个区呢？缩小盲目区最好的方法就是“问”，通过提问的方式可以知道自己在别人眼中的画像。也可以通过“说”，即通过适当的自我暴露来尝试适当地打开隐藏区。未知区是自己和别人都不知道的部分。这个区域更像是我们的潜意识。虽然不被知道，但是对我们个体的影响确是非常重大的。自我觉察是深入未知区域的好方法。乔哈里窗理论认为每一个人终其一生都在进行自我探索。通过在工作和生活中积极探索，激发潜能，缩小未知区，最大化开放区，最终拥有更美好的人生。

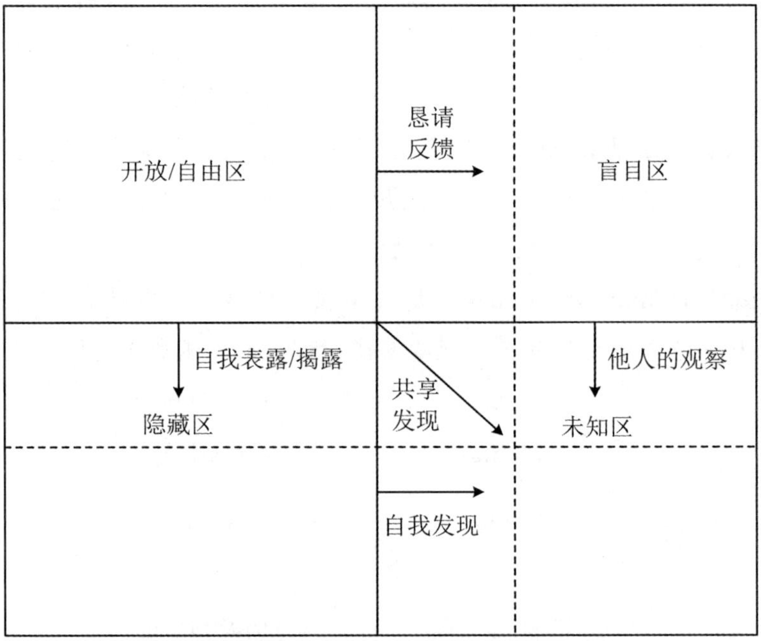

理想态的乔哈里窗

活动二:关系原子图——探索重要他人

你是否在复杂的人际关系中感到迷茫?当你遇到困难时,会向谁求助?谁最能理解你?他又给予了你哪些支持?如果你想梳理你的关系状态,打开人际链接的感受性,探寻重要他人对你的影响力,可以运用关系原子图来帮助你。

活动目的:具象化地呈现感知到的人际关系状态,以及关系模式中所提供的关于支持性/非支持性、未解决、缺失或丢失等潜藏的问题与资源。

活动材料:白纸、圆规、彩色马克笔、图案纸等。

活动步骤:

步骤一　在白纸的中央绘制一个实心圆,代表你自己。以这个实心圆为中心,由内向外依次绘制三个大小不一的同心圆。你可以自己绘制也可以使用图案纸(附录三　原子关系图案纸)。

三个同心圆之间距离不等,圆圈之间的不同距离代表你与不同群体、不同人的人际距离。与你最近的圈称为一级人际圈,代表你可以与他们分享内心秘密,或者讨论生命中重要决定的重要他人。二级人际圈的重要他人与你的关系没有一级人际圈那么紧密,但也很重要。你可以与他们分享快乐、互道冷暖,或者一起合作奋斗。三级人际圈是你社交活动中认识的,对你有过影响的人,也是最大的圆圈。这些人即便可能会曾经与你亲密后来渐渐疏离,但对你的影响依旧。

步骤二　回想你的生命历程中对自己有重要影响的人和事。这些人可以是家人、恋人、朋友、师长、同学、同事甚至是宠物等,可以是在世的,也可以是去世的;可以是对你的成长产生过积极影响的,也可以对你产生过消极影响的。

步骤三　根据重要他人的对你的影响程度、关系的亲疏程度,将他们填入不同的圈层。

步骤四　观察你的原子图,分别用不同颜色、不同形状的标签标注图中的重要他人。例如,可以用圆形代表女性,方形代表男性;绿色代表积极影响，红色代表消极影响，黄色代表中性影响，黑色代表去世。

步骤五　接着回忆重要他人与你之间的重要影响力事件。分别用不同颜色、不同形状的线条表示你们之间的关系。例如，可以用红色表示亲密和支持性强的关系，绿色表示正在发展的新关系，蓝色表示友好但较为普通的关系；实线表示正向关系，波浪线表示负面关系（大波浪代表剧烈冲突），虚线表示中立关系。

想一想

完成作品后，请你仔细观察你的图画，并思考：

- 三个不同距离的人际圈里都有哪些重要的人？
- 不同人际圈里的人给予我的支持方式是否一样？
- 对我产生正向积极影响的人主要分布在哪个人际圈里？对我产生负面消极影响的人主要分布在哪个人际圈里？
- 我的人际原子图是否让我感觉舒适？
- 人际关系圈是否会因为年龄而发生改变？

我的感受：

活动三:爱的语言包——探索爱的表达

亲密关系中,你是不是也会有这样的困惑:明明心里满是爱意,却为什么常常说错话让对方不开心?他为何总是理解不到我的真实需求呢?甜言蜜语有些矫情,我说不出口怎么办?想要安慰家人,说些什么合适?发生冲突后,我想要化解,如何做对方才会接受?其实,多数时候不是我们不懂爱,而是不懂如何表达爱。每个人都渴望被爱,但每个人表达爱的方式却各不相同。只有用对方适应的爱的语言表达,才能让对方真正接收你的爱意。如果你也想破译亲密关系中的爱语密码,请跟随我们学习“爱的五种语言”吧!

活动目的:通过对爱的五种表达方式的探索,了解亲密关系中双方的对爱的需求的差异。与重要他人的互动练习可以增进双方的了解,提升个体爱的表达能力。

活动材料:爱的语言测试题、图案纸等。

活动步骤:

步骤一　请你先完成“爱的语言测试题”,了解五种语言的特征及语言背后的情感需求(附录四　爱的语言测试题)。

肯定的言语:用赞美和鼓励的话语来表达爱,让对方感受到认可和赞赏。

精心的时刻:通过高质量的陪伴来表达爱,让对方感受到被关注。高质量的陪伴需要创设“与我同在”的时光,专注于对方的情感和需求。

接受礼物:通过赠送礼物来表达爱。礼物的价值因人而异,重要的是让对方感受到你的心意和付出。

服务的行动:通过为对方提供服务和帮助来表达爱,让对方感受到被照顾。服务的行动绝不是被强迫的,而是自由地给予和接受。

身体的接触:通过身体接触来表达爱,让对方感受到亲密感。牵手、拥抱、亲吻等日常的身体接触是亲密感的保鲜剂。

步骤二　回顾人际互动中你与他人的爱的表达方式，填写“爱的语言包”（附录五　爱的语言包图案纸）。比如，在“肯定的言语”中，我喜欢听到他人如何夸奖我？怎样的言语让我感到被爱？在“服务的行动”的语言中，我喜欢他人为我做哪些事情？在什么样的情境中，我喜欢被他人悉心照顾的感觉？在“收到礼物”的语言中，我喜欢收到具有怎样特征的礼物？在什么样的情境中，收到礼物让我有被爱的感觉？在“精心时刻”中，我喜欢怎样的相处时刻？怎样的相处方式让我感受到被爱？在“身体接触”中，我喜欢怎样的身体接触方式？怎样的身体接触既不会突破我的人际边界，又让我感受到亲近？

步骤三　完成了爱的语言清单后，对不同的表达方式的“我需要”以及“对方目前能做到”的程度进行评分，按照 0～10 分进行评价。

步骤四　完成了自己的“爱的语言包”后，可以邀请你的伴侣、孩子、朋友等用同样步骤完成他们的“爱的语言包”。

步骤五　观察对比两张表，分享双方在爱的表达过程中的差异。如果你愿意尝试练习自己不熟悉的“爱的语言”，可以用“爱的语言打卡表”进行七天练习打卡（附录六　爱的语言打卡表）。

想一想

完成作品后，请你仔细观察你的图画，并思考：

- 我最需要的是哪种“爱的语言”？对方最需要的是哪种“爱的语言”？
- 我最擅长提供哪几种“爱的语言”？对方最擅长提供哪几种“爱的语言”？
- 我们产生争执分歧是否是因为“爱的语言不一致”？
- 我们可以尝试练习哪几种对方需要的“爱的语言”？

我的感受：

活动四:你追我赶——探索互动模式

在人际关系中,积极的、适宜的人际互动可以有效增强彼此之间的信任和亲密感,从而提升关系的质量。你是否了解重要关系中自己的人际互动模式?在建立关系时,你会是引导者还是追随者?在关系出现障碍时,你会选择退出、防御还是进攻?互动与反馈的变化悄然影响着我们的沟通行为和结果。如果你想更清晰地审视自己的人际互动状态,不妨邀请重要的他/她,一起来体验双人互动绘画吧。

活动目的:探索人际互动中的行为模式与情感需求,识别沟通与互动背后的心理机制,练习感受和回应对方的人际需求。

活动材料:白纸、油画棒、彩色马克笔、纸胶带等。

活动步骤:

步骤一　找出一张大小合适的白纸。分别挑选自己喜欢的画笔,用画笔代替你和你的同伴,进行互动绘画。你们可以选择用音乐来把握时间边界。

步骤二　猜拳决定谁跑谁追。在绘画过程中双方不能说话,尽量不要停顿,尝试用你的画笔告诉对方你感受到的内容和想表达的内容。

步骤三　完成互动绘画后,观察画作并进行分享。请思考:互动绘画过程中,你的感受是怎样的?比如,在追赶绘画过程中,你感受到不舒服的时刻发生了什么?你感受到舒适自如的时刻发生了什么?在互动绘画过程中,你的脑海中常常会冒出的想法有哪些?比如,在交往中你更愿意顺从他人还是成为掌控者?当对方干扰到你或者触碰到你的边界时,你会选择回避还是突破?你又会用什么样的方式探索他人的人际边界?当对方回避你的靠近时,你会如何反应?

步骤四　再次猜拳决定谁来分割画面,胜者自行将画作进行裁剪成两个部分。随后双方在自己拿到的那部分画面分别进行自由联想创作。

步骤五　当你和你的小伙伴各自都完成了自己的创作后,将两幅图画重新拼成一幅完整的图画。然后请分享:分割后的自由创作让你联想

到了什么？当画作被分割时，你的想法和感受是怎样的？当两幅画作重新拼成一幅画作时，你联想到了什么？最后，请给你们的作品取个名字吧？

想一想

完成作品后，请你仔细观察你们的图画，并思考：

- 两次创作时你的身体有什么感受？
- 互动绘画体验让你对人际互动有了哪些新的认识？
- 分割与重构在人际互动中意味着什么？

我的感受：

活动五：冲突蛛网——探索人际冲突

在人际交往的过程中，我们似乎总是不可避免地遇到各种矛盾和冲突：在家庭里、在寝室里、在班级里、在爱情里……在各种关系里。你是否害怕与他人发生冲突？关系里的冲突是否会影响你的情绪？发生冲突后，你常常会有怎样的情绪和想法？冲突是否会影响你们的关系满意度？其实，人际冲突本身是一种人际互动的过程和方式。觉察矛盾和冲突是检验和建立良性关系的好办法。如果你也感到最近一段时间里遭遇了许多人际矛盾和冲突，不用害怕，跟随我们画一画困住你的蛛网，来看看你的人际烦恼背后都隐藏了些什么吧！

活动目的：具象化人际冲突困境，练习应对人际冲突带来的情绪困扰。

活动材料：白纸、彩色马克笔、图案纸等。

活动步骤：

步骤一　找一个安静的地方，选择一个让自己最舒服的姿势。闭上眼睛，开始冥想。深呼吸，先让自己平静下来。回忆最近一段时间你所遭遇的各种人际冲突以及冲突发生后，你的情绪感受。比如，愤怒、悲伤、无奈、失落、压抑、痛苦、焦虑……

步骤二　从一团乱麻开始画起，想象你就困在那张蜘蛛网中央，每一根丝线都代表着一个困扰你的人际冲突。把它们一一画出来，不用担心画得好不好，重要的是这个过程。让你的身体放松，让潜意识跟随着蛛丝慢慢释放。

步骤三　接下来，请你仔细观察这张布满冲突的“蜘蛛网”。试着给每个问题或情绪标上名字。你可以用不同颜色区分不同冲突带给你的不同情绪感受。接着，请你在网格中写下冲突出现的原因或者你当时对冲突的想法。这一步就像是给自己的心灵做个深度扫描，让那些模糊不清的感受变得清晰可见。

步骤四　最关键的一步是寻找出口。观察蛛网中哪些线条是可以剪断的？哪些冲突是可以通过你的行动解决的？把你的行动计划写下来吧。你会发现自己正慢慢地从这张冲突蛛网中挣脱出来，重获自由和力量。

想一想

完成作品后，请你仔细观察你的图画，并思考：

- 创作时你的身体有什么感受？
- 完成蛛网图后，你对人际冲突有哪些新的认识？

我的感受：

活动六:能量泡泡——探索抗逆资源

在你遭遇困难和压力时,可能会有这样的感受:拼搏奋斗了许久却感觉自己一事无成;对比其他人,感觉自己拥有的资源与优势太少;有很多想做却不敢做的事;有很多想实现的小目标却没勇气和行动力;总感觉遇到很多困难,无力又迷茫……当我们的心理能量不足时,常常会聚焦困难而忽略美好。不妨尝试绘制属于自己的能量泡泡,找寻潜在的抗逆资源和支持力。

活动目的:以抗逆力的优势视角理论为基础绘制泡泡能量场,练习积极思维觉挖掘资源与优势,从而积蓄生命能量。

活动材料:白纸、彩色马克笔、油画棒、图案纸等。

活动步骤:

步骤一　闭上眼睛深呼吸,将能量回归身体。打开一张白纸,想象纸张就是你的内在世界。

步骤二　在纸张中心先画一个大泡泡代表你的能量场。然后把自己放在中心点。此刻,你就是自己世界的主角。

步骤三　从中心向四周一层一层地画出一些小泡泡,慢慢地将能量场填满。这些小泡泡将给你带来无限能量。你可以用黑白色,也可以用彩色来勾勒它们。

步骤四　闭上眼睛想一想,如果在生活中遭遇困难,你将会拥有哪些外部支持力量?比如,他人的帮助、外部资源、他人的经验等。你的哪些内在优势可以帮助你克服困难,应对挫折?你相信自己有能力可以成功完成哪些任务?请你将思考的答案慢慢地填入那些小泡泡中(附录八能量泡泡图案纸)。可能你无法一次填满所有的泡泡。不用着急,你可以分批次完成,也可以留有余地。

步骤五　现在,请你仔细观察你绘制的这些泡泡。每个泡泡都带着些许能量,支持着你克服困难,跨越难关。这些能量泡泡里的人和事都是你拥有的、珍视的、相信的、希望的人和事。此刻它们共同组成了一个丰富的你。请带着丰富的内心在图画中心处勾勒你的形象吧！

想一想

完成作品后，请你仔细观察你的图画，并思考：

- 创作时你的身体有什么感受？
- 完成能量泡泡图画后，你对困境有哪些新的认识？

我的感受：

补充阅读

抗逆力的优势视角理论

抗逆力是个体在面对生活逆境、创伤或其他重大生活压力时所展现出的良好适应力。抗逆力的优势视角理论从三个角度帮助个体关注自身的内在力量和所拥有的资源,从积极的视角内观自我,从而提升内生力。理论强调个体抗逆力由三个核心要素构成:外部支持因素(I have)、内在优势因素(I am)以及效能因素(I can)。具体为:

外部支持因素:“我有”(I have)。

这一要素提醒我们要充分认识和积极运用自身所拥有的外在资源。这些资源不仅包括物质层面的,如图书、网络信息等;还包括社会层面的,如家庭的支持、朋友的帮助、团队合作等。外部支持不仅能够提供实际上的帮助,还能在情感上给予安慰和鼓励,增强个体的抗逆力。

内在优势因素:“我是”(I am)。

这一要素强调个体对自我的积极认知与评估。通过积极的自我对话,个体能够认识到自己的内在优势,如乐观、自信、专注、勇敢等品质,这些优势是应对挑战的重要资源。了解自己的优势有助于增强自信心,提高个体应对逆境的能力。

效能因素:“我能”(I can)。

这一要素强调个体基于过去经验积累的能力与技能。它鼓励个体思考自己能够采取哪些行动来应对当前的困境。这些行动可能包括目标制定、寻求方案、情绪调控、运用人际技巧等。通过实际行动,个体能够逐步克服困难,实现自我恢复与成长。

类别二　情绪疗愈类

活动一:身体的情绪图——觉察情绪

每个人的身体里,都藏着一张“情绪地图”。正如我们表达难过时会说“撕心裂肺”,表达害怕时会说“心惊胆战”,生气时会感到“怒火中烧”,开心时会感到“心旷神怡”等。情绪仿佛住在身体里的小怪兽,它们通过疼痛、紧张、沉重等方式提醒我们:有些需求被忽略了!研究发现,我们70%以上的情绪,都会以“攻击”身体器官的方式来消化自身的情绪困扰。所以情绪问题常常以躯体化的形式呈现出来。你身体的某个部位是否持续疼痛?如果你不想让身体为坏情绪买单,不妨与自己的身体来一场情绪对话吧!身体是情绪的地图,而情绪背后藏着心理需求的答案。

活动目的:探索情绪与身体的联结,提升情绪觉知力,促进身心和谐与平衡,构建稳定的自我认同感。

活动材料:白纸、彩色马克笔、彩铅、油画棒、图案纸等。

活动步骤:

步骤一　在白纸上用铅笔绘制出你的身体轮廓。可以是简单的线条或具体的形状,完全由你决定。这个轮廓代表的是你身体的整体感受(附录九　我的情绪地图图案纸)。

步骤二　找一个安静的地方,选择舒服的姿势。闭上眼睛,深呼吸三次,开始冥想。将注意力集中在你的身体上。想象有一束光照在你的头顶,并沿着身体向下经过你身体的每个部位。在进行身体扫描时,仔细感受并记住身体不同部位的感受:此刻,我感觉身体的这个部位是否舒服?如果不舒服,是什么感觉?酸、疼、紧绷、麻木还是其他感受?感受强烈的部位可以多停留一会。

步骤三　冥想后，在你的身体轮廓里，选择你认为合适的颜色、形状、图案，结合身体扫描的感受，标记出不同身体部位的感受。不用担心画得好不好，根据你的直觉真实的表达你的感受。

步骤四　在你绘制的身体轮廓图上，为每个区域写出它们所承载的情绪或感受。这些文字可以帮助你更清晰地了解身体的语言。例如，头部常常有思维过载的感觉；腹部感觉沉重，有时候伴随不安等等。

想一想

完成作品后，请你仔细观察你的图画，并思考：

- 哪些情绪在你的身体中积压了很久？
- 是否有某些部位感到特别紧张或被忽视？
- 你能为这些情绪带来什么样的关怀和释放？
- 有没有哪个部位的情绪可以通过某些方式来缓解？

我的感受：

补充阅读

情绪与身体关系的相关研究

"情绪影响身体"的观点很早就被人们所关注。我国最早的医学典籍《黄帝内经》曾提出了"喜伤心、怒伤肝、思伤脾、忧伤肺、恐伤肾"的思想。图尔库大学的神经科学家劳里·努门马的研究团队一直致力于对人类情感系统的研究,尝试解码人类情感与神经功能机制的链接。2014年,研究团队通过医学成像技术、神经信息学和现代临床心理学相结合,绘制出了一幅"人类情绪身体地图"。地图显示了与六种基本情绪(如愤怒、恐惧、幸福和悲伤)和七种复杂的情绪状态(如焦虑、爱、骄傲和羞愧)相关的独特的身体感觉。例如,愤怒的身体感觉聚集于头部、胸部和手部;悲伤的身体感觉则聚集在胸部和头部;焦虑聚集在头部;而爱和幸福则贯穿全身。每种情绪所引发的身体感觉的强度和分布既是独特的又相通的。比如,愤怒和恐惧都与头部和胸部强烈的身体感觉有关,两种情绪虽然有相似的生理变化,但感受到的身体部位的强度又有所不同。愤怒的人容易头痛,悲伤的人容易胸闷。

研究还发现,日积月累的情绪会通过记忆长久储存在器官里。身体被激起的情绪反应如果被顺利地表达,身体会慢慢回归到最初的平稳状态,但是如果长时间被外界刺激,情绪无法得到表达,这样的情绪感受就会被储存在相对应的身体中。所以,情绪就是身体状况的晴雨表。每种情绪感受都与一组独特的身体感觉相关联。

活动二:焦虑怪——疗愈"焦虑"

如果你不善于与人沟通,却又不得不身处人群中,你会因此感到担忧吗?比如,在人群中你会沉迷他人的评价,担忧他人是否会嘲笑自己吗?在拥挤忙碌的场合里,你会感到局促紧张吗?你会计划着远离人群或者选择靠后的位置、离出口最近的位置方便随时离开吗?当你与他人发生了冲突,暂时还没有找到解决方法,你会感到担忧吗?

当强烈的焦虑来袭时,回避通常能给你带来短期的解脱,然后它就会降低你对自己应对能力的信心。焦虑有点像我们心里的小怪兽，时不时地跳出来，让我们感到紧张、不安，甚至害怕。但是无论你怎么驱赶它，也无法让它消失。可如果你愿意花时间抚摸和感受它，听听它的故事和诉求，或许你也能发现它的可爱。来吧，让我们看看这只焦虑怪的模样。

活动目的：觉察情绪，具象化焦虑，练习转变情绪背后的消极认知。

活动材料：彩色马克笔、油画棒、胶水、图案纸等。

活动步骤：

步骤一　找一个安静的地方，选择一种舒服的姿势。闭上眼睛，深呼吸三次，开始冥想。跟随冥想进入你的内在世界，回忆最近让你感觉有些焦虑的人或者事。记住你的感受。如果焦虑是一种怪物，那么它是什么样子？慢慢走近它，看清它的模样。你的焦虑怪是什么形状？什么颜色？什么触感？它有名字吗？有气味吗？它会发出声响吗？

步骤二　现在，请你在图案纸一（附录十　焦虑怪图案纸一）上画出你的焦虑怪。然后请思考：当你为人际交往而焦虑烦忧时，你的担忧是些什么？将你的担忧填入怪兽的食物桶（附录十一　焦虑怪图案纸二）。看，正是那些“自我否定”的负面想法喂养了你的焦虑怪兽。

步骤三　但是，有些食物是焦虑怪不喜欢的，比如“肯定的话语”。试一试在图案纸三（附录十二　焦虑怪图案纸三）上写出更多的肯定性话语。然后把它贴在怪兽身上，这样怪兽就会变得越来越弱。

步骤四　请你在脑海里不断重复这些肯定性话语。因为等你下次注意到负面想法正在给焦虑怪喂食的时候，你会更加熟练地运用这些肯定性话语让它挨饿。更为理想的是，这些肯定性话语将发展成你的积极信念。现在，请你回过头去看看肯定性话语下的（附录十二　焦虑怪图案纸三）焦虑怪。它的样子是否有了变化？如果焦虑怪换了模样，你可以拿起画笔进行修改。你还可以把这个焦虑怪揉搓成一个球扔出去，或者把它撕成碎片，或者好好珍藏它。

想一想

完成作品后，请你仔细观察你的图画，并思考：

· 创作时你的身体有什么感受？

· 分别用“否定性话语”和“肯定性话语”来喂养焦虑怪时，你的焦虑怪是否发生了变化？

· 完成创作后，你对自己的焦虑有哪些新的认识？

我的感受：

活动三:愤怒的龙卷风——转换“破坏力”

跟父母顶撞、跟伴侣拌嘴、与朋友争执……人际交往中会遭遇各种摩擦与冲突。冲突下,最容易出现的情绪就是愤怒。如果你的愤怒过于强烈,或者持续太久,或者过于频繁,可能都会对关系产生破坏力。有时我们也会担心表达愤怒容易伤人,于是将它压抑下来。可是被压抑的愤怒又会转向攻击我们自己。其实,不用畏惧愤怒。愤怒也是一种信号,它在提醒我们关注内心的需要和边界。这或许是促进沟通和解决潜在冲突的机会。那么,现在就邀请你一起来探访愤怒吧!

活动目的:具象化愤怒情绪,探访情绪背后的需求,释放、联结、转换内在的破坏力。

活动材料:白纸或者黑纸、手指画颜料、丙烯马克笔、彩铅、图案纸等。

活动步骤:

步骤一　找一个安静的地方,选择舒服的姿势。闭上眼睛,深呼吸三次,开始冥想。跟随冥想进入你的内在世界,回忆最近或者一直以来让你感到愤怒的人际情境。有人对你说了什么?你又是如何回应的?你当时的心理和身体感受是怎样的?记住你的感受,并睁开眼睛。

步骤二　现在,如果用“龙卷风”的形态表达你的愤怒,它会是怎样的呢?请你在白纸或黑纸上用快速螺旋向下的方式创作你的“愤怒龙卷风”。你也可以选择用我们提供的图案纸(附录十三　愤怒的龙卷风图案纸)创作时,你可以选择用手指或手掌蘸取颜料在白纸上创作,也可以选择用马克笔或者彩铅在白纸上创作。几级风暴由你的愤怒程度决定。

步骤三　完成后,请你仔细观察你的龙卷风,并思考以下问题:龙卷风为何出现?它是从哪里来的?它要去往哪里?还会出现吗?它来时会带来什么,又会带走什么?它经过时,你的身体会有怎样的感受?

步骤四　接下来,请你把画纸倒转过来,龙卷风有了怎样的变化呢?你会有其他的想象吗?请开始重新创作你的“龙卷风”。如果你感受到愤怒在逐渐消解，情绪逐渐回归平静，就可以停止创作了。每一次“破坏”都是一次新的开始，每一次开始都蕴含着无限的可能性。

想一想

完成作品后，请你仔细观察你的图画，并思考：

- 创作时你的身体有什么感受？
- 当龙卷风变了模样，你又有怎样的感受或想法？
- 在第二次创作过程中，是否有其他的情绪出现？
- 完成创作后，你对自己的愤怒有哪些新的认识？

我的感受：

活动四：黑点变形记——疗愈“不完美”

看到白纸上的一个黑点，会让你想到什么？你会怎样处理这个黑点呢？用剪刀——白纸会破，用橡皮——白纸会皱，用透明胶——白纸会薄……在我们的成长中，不乏如此烦恼的“小黑点”。它们或许是缺点，想要修正；或许是遗憾，想要换回；或许是挥之不去的阴霾，想要彻底清除。如果人生画卷里，必然要出现一个黑点，你会如何绘制呢？让我们看看小黑点会如何变化吧！

活动目的：领悟对缺憾的接纳，疗愈遗憾、丧失等情绪困扰，练习超越不完美，养成积极的心态。

活动材料：白纸、黑笔、彩色马克笔、油画棒、图案纸等。

活动步骤：

步骤一　找一个安静的地方，选择舒服的姿势。闭上眼睛，深呼吸三次，开始冥想。跟随冥想进入你的内在世界，回忆成长过程中你的遗憾、缺陷。它们仿佛我们生活中的小黑点。记住它们的大小、形状和你的感受。

步骤二　找出一张白纸，你也可以选择用我们提供的图案纸（附录十四　黑点变形记图案纸）。现在，请你将白纸想象成人生画卷。在白纸上画下你在冥想过程中看到的小黑点。小黑点位置、个数、大小由你决定。现在请你仔细观察你的白纸，也就是你的人生画卷。此刻它有什么变化？它想对你说些什么？

步骤三　接下来，请你以黑点为起点，进行创作与润色。特别重要的是要让黑点融合在你的作品里，帮助黑点完成变形。

想一想

完成作品后，请你仔细观察你的图画，并思考：

- 创作前，你看见白纸上的黑点是什么感受？
- 看见黑点下的白纸又是什么感受？

- 创作后你看见白纸上的黑点是什么感受？
- 看见黑点下的白纸又是什么感受？
- 创作前后，你的感受是否有变化？
- 关于白纸上的黑点，你认为它存在的意义是什么？

我的感受：

活动五:拼贴安全岛——建造稳定内核

你最近过得好吗?如果你因为纷繁的情绪困扰感到疲惫不堪,不妨给自己打造一座安全岛。心理安全岛是我们情绪的避风港,也是我们恢复力量的秘密基地。在那里,疲惫的灵魂可以找到栖息之所,受伤的心灵能够得到温柔的抚慰。在那里,我们可以被全然地接纳,被充分地允许,可以安全地去探索自己的情绪、想法,甚至回看自己的创伤。

活动目的:通过拼贴技术创造自我保护和疗愈的安全空间,缓解创伤压力,助力情绪急救。

活动材料:旧杂志、白卡纸、彩铅、彩色马克笔、油画棒、剪刀、胶水等。

活动步骤:

步骤一　找一个安静的地方,选择舒服的姿势。闭上眼睛,深呼吸三次,开始冥想。跟随冥想进入你的内在世界,在心中问问自己:在什么时候,你会感到特别安全和放松?跟随着思绪,回想那些带来安全感的时刻,可以是一个场景、一种氛围,甚至是一种颜色或形状。带着这些感受想象一个充满安全和温暖的地方。这就是你的“安全岛”。

步骤二　在白纸上画出一个岛的轮廓,这是属于你的“私人安全岛”。岛的形状和大小可以自由决定,也可以加上自然元素,比如海洋、山脉、森林、湖泊等。

步骤三　现在需要在岛上构建一个属于你的庇护所。你可以添加一个象征安全的“核心物件”,它是你内心安全感的最大力量来源,它可以是具象的,一座房屋、灯塔、帐篷或是某件物品;也可以是抽象的,比如一段回忆、你的梦想,甚至就是你自己。在准备好的杂志中寻找让你觉得安全舒心的图案,将它们撕下来或者剪下来。拼贴你的庇护所。

步骤四　你还可以根据自己不同的感受,用彩笔在岛上进行“区域规划”。在岛屿的不同区域。添加在你心中代表安全感的元素。例如:

放松区——代表平静时的感受;

保护区——帮助你抵御外界干扰;

能量区——储存力量和希望。

步骤五　仔细观察你的安全岛，想象自己置身于这座岛屿中的感受。记住这样的感受。如果哪天你感觉受伤、疲惫，请回到你的安全岛上，它会给予你力量。你也可以邀请你需要的人一起来安全岛。当然，当我们再次来到安全岛时，可能会有新的发现。这时，你可以添加或者修改。跟着你的感觉来吧！

想一想

完成作品后，请你仔细观察你的图画，并思考：

- 在创作安全岛的过程中，你的身体有什么样的感受？
- 你的安全岛有什么特别元素吗？最喜欢岛的哪个部分？
- 这个小岛为什么能给你带来安全感？
- 你会邀请谁来你的安全岛？

我的感受：

类别三　沟通技巧类

活动一：画呼吸——练习专注

在社交互动中，保持对他人或者话题的专注其实并不容易。你觉得呢？比如，与他人相处时，你能保持全神贯注而不摆弄手机或者电脑吗？与人对话时，你能保持适度眼神的交流而不回避或者躲闪吗？你有足够的耐心听完对方的观点而不着急回应或提出问题吗？保持专注是倾听的基础，而倾听是有效沟通的基础。我们的大脑可以在时间中自由穿梭，但是呼吸却只能专注于当下。所以如果你还不习惯专注或者保持耐心，不如将自己交给呼吸，邀请呼吸陪伴你，慢慢找回内心的锚点。

活动目的：观察与表达你的呼吸，练习精神专注，建立内心和情绪的锚点。

活动材料：白纸、彩铅、彩色马克笔、油画棒、水彩、图案纸等。

活动步骤：

步骤一　找一个安静的地方，选择舒服的姿势。闭上眼睛，深呼吸三次，开始冥想。今天的主题是呼吸，你有没有观察过自己的呼吸是什么样的？它们的长短、形态和质感如何？请你专注地感受和观察你的呼吸。感受气流经过鼻腔缓缓来到身体，身体的哪个部分会膨胀？在吸气与呼气之间，是否会有一些停顿？当你呼气时，是否感受到了身体姿态的变化？比如你的肩膀、手臂、背部或面部会发生变化吗？其实这些变化每时每刻都会随着呼吸的改变而改变。如果你注意到了它们，就可以睁开眼睛。现在，试着将你呼吸的模样画出来。

步骤二　你可以选择在白纸上创作，也可以选择我们提供的图案纸

（附录十五　我的呼吸图案纸）。首先我们可以尝试用线条的方式画呼吸。专注于呼吸，将呼吸想象成一条线，画出它，感受呼吸和线条之间的关系。也可以尝试改变呼吸的速度，快一点或者慢一点，观察线条有何改变。或者尝试改变线条的样子，再看看你的呼吸有怎样的改变。

步骤三　接着，我们可以尝试用画圆圈的方式画呼吸。专注于呼吸，将呼吸想象成一个一个圆圈，画出它。感受呼吸和圆圈的关系。也可以尝试改变呼吸的速度，试试呼吸快一点或者慢一点，观察圆圈有何改变，或者尝试改变圆圈的样子，再看看你的呼吸有怎样的改变。

步骤四　当你的尝试结束后，可以选择新的画纸和画材。专注于深呼吸，感受呼吸给我们身体带来的平静松弛，根据自己的感受画出呼吸的形态。尽可能多持续几分钟，找到呼吸、运动和图画的平衡，并享受它。

想一想

完成作品后，请仔细观察你的图画，并思考：

- 画呼吸的过程中，你有什么样的感觉？
- 选择线条或者圆圈来画呼吸，你的感受是否有区别？
- 你有没有观察到自身能量或视角的任何变化？
- 哪一刻你感受到了专注？你喜欢这种专注的感受吗？
- 你愿意最先在哪个关系上尝试专注地相处？

我的感受：

活动二:旋转画——练习换位思考

“我们听到的一切都是一个观点,不是事实;我们看见的一切都是一个视角,不是真相。”在人际关系里,每一个行为的发生,必然有主动和被动两个视角,很多人际问题其实都来源于视角的盲点。比如,被别人在背后讨论是什么样的体验?在背后讨论别人又会是怎样的体验呢?自己的努力和付出被忽视是什么样的体验?忽视别人的努力和付出又会是怎样的体验呢?说别人的观点不正确是什么样的体验?自己的观点被说不正确又会是怎样的体验呢?人际交往中,我们很容易看不见自己的互补视角。那些时刻,我们可能也成为了自己不喜欢的样子。好在我们永远可以选择去看见:不同观点下都会有合理的立场;每一份结果都承载了努力的过程。感谢你愿意尝试换个视角看世界。换个视角,总会有惊喜!

活动目的:练习换位思考,打破固定性思维模式,激发成长性思维。

活动材料:正方形白纸、油画棒、彩色马克笔、图案纸等。

活动步骤:

步骤一　找一个安静的地方,选择舒服的姿势。闭上眼睛,深呼吸三次,开始冥想。跟随冥想进入自己的内在世界,回忆最近一段时间让你耿耿于怀的一件事,记住此刻你的感受。

步骤二　准备一张正方形的画纸,你也可以选择用我们提供的图案纸(附录十六　旋转画图案纸),将它想象成一张空白的邀请函。选择喜欢的画材,描绘你的“耿耿于怀”。

步骤三　当你完成第一轮创作。将画纸旋转 90 度,继续进行创作。一共需要进行三次旋转,画纸的四个边都需要完成以你为第一视角的创作。不用担心,慢慢来。每一次旋转都是一次改变视角的有趣尝试。而每一次创作都在重塑着你的思维模式。

步骤四　当你完成创作后,你将得到一个独一无二的作品。它可能不是你最初设想的样子,但却是你最真实最独特的自我表达。现在请你重新旋转你的图画,分别从不同角度去观察它。

想一想

完成作品后，请你仔细观察你的图画，并思考：

- 在画纸的每一次旋转创作中我的感受(包括身体和大脑)发生了怎样的变化？
- 我喜欢图画中的哪些部分？为什么？
- 我不喜欢画面中的哪些部分？它为何会出现在画面中？
- 最后呈现的图画让我联想到了什么？

我的感受：

....

....

....

....

....

....

....

....

....

....

....

....

....

....

....

....

....

活动三:双人曼陀罗绘画——练习合作

俗话说:“独行快,众行远。”在人生的旅途中,无论“独行”还是“众行”都需要携手并行,合作是关系维系的基础。比如,朋友之间互相分享趣事、搭档之间协作解决困难、团队聚力共谋决策、家人始终陪伴左右。良好的合作关系不仅是彼此的心照不宣,更是一种自我成长的需要。合作中,我们不仅能看见他人的特质、需求和边界,也能看见自己的潜质、需求和边界。如果你想更多地了解对方,增进关系里的合作。不妨邀请小伙伴,利用曼陀罗绘画打开关系的另一个通道吧!

活动目的:在合作绘画中探索关系里他人与自己的特质、需求和边界,体悟“和而不同”的合作之美。

活动材料:圆形卡纸、彩色马克笔、油画棒、水彩等。

活动步骤:

步骤一　双人曼陀罗是一场无声的互动活动。你和小伙伴可以一起定一个主题,也可以没有主题进行直觉绘画。今天创作的规则是过程中相互不对话、不沟通。把注意力放在图画的互动过程中。你可以选择在白纸圆形卡纸上进行创作,也可以选择我们提供的图案纸(附录十七　曼陀罗画图案纸)。

步骤二　一共需要完成六轮曼陀罗创作。前三轮中每个人都是自由作画。决定了谁先开始绘制,我们就可以开始了。虽然曼陀罗以对称性著称,但你们也可以来点特别的挑战哦!

步骤三　接下来的后三轮,每个人都需要给对方指定画笔的颜色或者材质。也就是你需要为你的小伙伴挑选一支笔。让我们接下来继续开始创作吧。

步骤四　完成了六轮的曼陀罗创作后。邀请你的小伙伴一起回顾创作历程,并展开一些讨论吧!比如,你绘画时是怎样的感受?对方绘画时,你又是怎样的感受?哪一轮让你们印象深刻?哪一轮让你更意外?是惊喜还是惊吓?你们喜欢这幅图画吗?喜欢哪些部分?又有哪些部分让你们感觉不舒服？

想一想

完成作品后，请你仔细观察你们的图画，并思考：

- 创作图画过程中，不说话的规则是否影响了你和小伙伴的互动？
- 创作过程中，你和小伙伴会有哪些不同的感受与体会？比如，对于不规则/不清晰/不对称的画面，或者是不喜欢的画材。
- 你们如何看待这些不同的感受？
- 这次体验你对于你们的关系产生了哪些新的认识？

我的感受：

....

....

....

....

....

....

....

....

....

....

补充阅读

曼陀罗绘画

“曼陀罗”（Mandala）意为“圆圈”或“中心”。其图形通常由各种圆圈、方块以及几何图案精心组合而成，呈现出高度的对称性。20 世纪初，心理学家荣格惊喜地发现曼陀罗图案能够反映个体的内在心理状态，具备整合意识与无意识之间的冲突、增强心理能量等至关重要的功能。于是，他大胆地将曼陀罗绘画运用到自我治疗当中，并且取得了令人惊叹的良好治愈效果。在荣格以及其他心理学家的积极推广下，曼陀罗绘画已经被广泛应用于西方心理治疗领域，成为了表达性艺术治疗的一种重要形式。

荣格发现，每个人的原型都是分裂的，“曼陀罗”则可以帮助人们将内在对立面整合并重新建立秩序和平衡。通过曼陀罗精密的图腾、几何中的结构奥秘以及色彩的力量，可以联结我们内在的圆满力，创造强有力的能量圈。在曼陀罗绘画中，最重要的现象即由无序到有序的过程，一开始动笔时，点、线、面可能是无序的。然而随着绘画过程的进行，图案会变得越来越有序、有规则。这个变化更多的是跟随作画者的感觉自发地发生。因此，通过曼陀罗绘画，人们可以唤醒内在自性的整合功能，提高自我觉察及主观幸福感。

曼陀罗绘画不仅是一种情感表达和创造力培养的方式，还可以作为一种投射测试或投射性的治疗手段，不同的形状、颜色、位置等都可以是无意识、次人格的体现。

曼陀罗图案

活动四:夸夸卡——练习赞美

心理学家詹姆士曾说:“人类本质中最殷切的需求是渴望被肯定。”有人这样形容被肯定的感觉:“大概就是有人帮我擦掉了写在日记本里的那句‘我不行’,还画上了一朵小红花。这对于陷入自我怀疑的我而言,无疑是救命。”肯定是价值感的源泉,它能让我们的自我信念迸发出无限的能量。在你的关系中,是否经常得到夸赞或者经常给予他人夸赞呢?许多时候,我们无法给予自己或他人肯定,或许是不敢,害怕夸过会膨胀;又或许是不会夸,夸不到对方心坎里。别担心,邀请你跟随我们一起制作夸夸卡,夸自己夸他人夸万物。

活动目的:具象化被肯定的情绪,挖掘自己与他人的优势,练习赞美。

活动材料:白纸、彩色马克笔、油画棒、剪刀、胶水等。

活动步骤:

步骤一　找一个安静的地方,选择舒服的姿势。闭上眼睛,深呼吸三次,开始冥想。跟随冥想进入自己的内在世界。回忆曾经被夸赞、被肯定的经历。记住你的感受。

步骤二　现在,请你拿出方形卡纸,根据你冥想时的感受自由创作。

步骤三　被肯定是令人满意、喜悦的感受。我想你也愿意与人分享,对吗?接下来,让我们把这种满意、喜悦的感受分享给你想夸赞的人们吧!现在请你开始制作你的夸夸卡。你可以先剪下被肯定的图画,图案随意。这是你要与人分享的愉悦感受。将它安放在你的夸夸卡上,位置由你决定。

步骤四　然后请你选择合适的画材、画纸。创作你的夸夸卡。完成后,签上你的名字。如果你此刻想送出第一张夸夸卡,你会选择送给谁呢?你会想夸夸他什么呢?不要吝啬你的夸赞哦!请相信,赞美是具有魔法的语言。而被看见本身就是一种力量。

想一想

完成作品后，请你仔细观察你的图画，并思考：

- 创作图画过程中，你有哪些感受与体会？
- 你想送出多少张夸夸卡？
- 这次体验对于你和你的关系产生了哪些新的认识？

我的感受：

活动五：宽恕的花园——练习宽恕

你是否曾被他人伤害，嘲讽、不公、批评、背叛……而久久无法释怀？那种痛苦就像刻在身上的刀痕，时时作痛。或许会在不经意间再次浮现，让你愤怒，让你痛苦，让你的心不再平静。但是，重要的是不是发生了什么，而是你会如何处理已发生的伤痛。宽恕，可以帮助我们重获内心的平静和自由。它不是遗忘或逃避，更不是容忍或软弱。宽恕，是放下，是切断伤痛对自己的折磨。现在我们邀请你拿起宽恕的画笔绘制你的宽恕之花吧！

活动目的：宣泄怨恨的情绪、练习转换怨恨、释放宽容。

活动材料：白纸、彩色马克笔、色粉笔、油画棒、水彩、图案纸等。

活动步骤：

步骤一　找一个安静的地方，选择舒服的姿势。闭上眼睛，深呼吸三次，开始冥想。跟随冥想进入自己的内在世界，回忆最近一段时间或者一直以来让你感到受伤害的事情。如果用一朵花代表一件伤心事，你的花园里有几朵花呢？它们是怎什么样的形态？什么样的颜色和大小呢？如果看清楚了，请你睁开眼睛。

步骤二　现在请你选择合适的画材，绘制你的伤心花朵吧。你可以选择在白纸上创作，也可以选择我们提供的图案纸(附录十八　宽恕花园图案纸)。这些花朵可能饱经风霜却无人理会。它们可能承载了你的委屈和怨恨。别担心，慢慢来。

步骤三　完成后，请观察你的图画。如果你的花园里种满了伤心花，你的感受是怎样的？如果内心不断堆积委屈和怨恨，你会不会觉得拥挤呢？如果你愿意放下，受过的伤痛可能会结痂，也可能会开花。让我们试一试吧。现在，请你闭上眼睛，进入冥想。想象你有能力给伤心花朵浇水、施肥，它们会变成什么模样呢？如果你觉得你的力量有限，可以增加一些小帮手，比如阳光、昆虫或者园丁。如果有了清晰的画面感，请你睁开眼睛。

步骤四　现在，请你再次选择合适的画材，绘制你的花园。你可以选择在原来的画纸上进行创作，也可以选择在新的画纸上进行创作。别担心，慢慢来。宽恕伤害，放下怨恨，需要一点点时间。但是一旦我们给自己腾出了新的空间，就能迎接生命中更多的美好。完成后，可以给花朵们取个名字。

想一想

完成作品后，请你仔细观察你的图画，并思考：

- 在两次创作花园的过程中，有哪些不同的感受与体会？
- 你作为花园的花匠，维护这座宽恕的花园，可以用到哪些方法？

我的感受：

结　　语

人际交往是一个非常必要又复杂的过程，和谐的人际关系是心理健康标准之一。

我们无法在书中穷尽相关的知识和技能，但希望能够抛砖引玉，带动人们积极展开人际交往，主动分享，更多交流，共同成长。

希望你也能积极行动起来。期待你的来信（我们的邮箱再次出现了：songyi80@ustc.edu.cn），让人际交往在你的生活中，知行合一！

附　　录

附录一 “20个我是谁”图案纸

20个我是谁

1. 我是一个______________________________的人。
2. 我是一个______________________________的人。
3. 我是一个______________________________的人。
4. 我是一个______________________________的人。
5. 我是一个______________________________的人。
6. 我是一个______________________________的人。
7. 我是一个______________________________的人。
8. 我是一个______________________________的人。
9. 我是一个______________________________的人。
10. 我是一个______________________________的人。
11. 我是一个______________________________的人。
12. 我是一个______________________________的人。
13. 我是一个______________________________的人。
14. 我是一个______________________________的人。
15. 我是一个______________________________的人。
16. 我是一个______________________________的人。
17. 我是一个______________________________的人。
18. 我是一个______________________________的人。
19. 我是一个______________________________的人。
20. 我是一个______________________________的人。

附录二　乔哈里窗图案纸

我的乔哈里窗

开放区	盲目区
隐秘区	未知区

附录三　原子关系图案纸

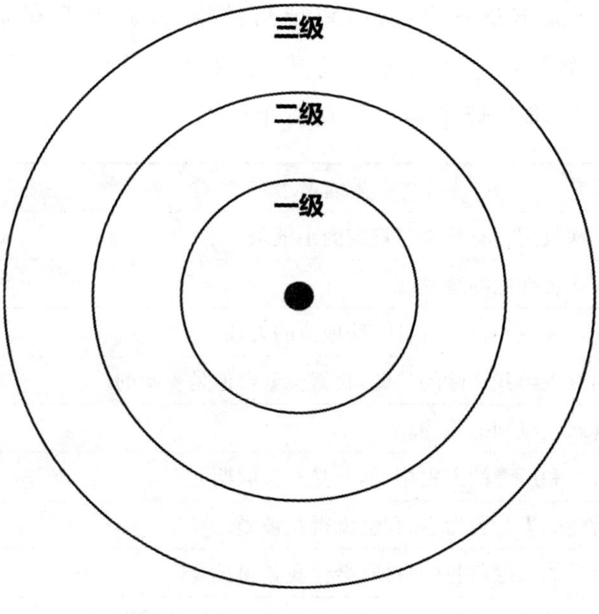

附录四　爱的语言测试题

指导语：本测试包括30个题目，每一题都有两句话。请仔细读这两句话，从中选出最能反映你想法的句子。有时候，可能两个句子你都想选，不过请你还是只选一个(你可以使用排除法，放弃没有那么重要的那一句)。最后，将选项归类排序。请花10至15分钟完成测试。放松啊，慢慢来，不要急，准备好了吗？那我们开始吧！

序号	爱的表达方式	类别
1	我喜欢收到写有赞美与肯定的小纸条。	A
	我喜欢被拥抱的感觉。	E
2	我喜欢和我心目中占有特殊地位的人独处。	B
	每当有人给我实际的帮助，我就会觉得他是爱我的。	D
3	我喜欢收特别的礼物。	C
	我喜欢和所爱的人去旅行，享受悠长假期。	B
4	我所爱的人帮我做事，我会觉得我被爱。	D
	我所爱的人触碰我的身体，会让我觉得被爱。	E
5	当我所爱的人揽着我的肩膀、我会我有被爱的感觉。	E
	当我所爱的人突然送礼物给我，我会我有被爱的感觉。	C
6	我喜欢和朋友或所爱的人到处走走。	B
	我喜欢和我心目中有特殊地位的人牵手或击掌。	E
7	爱的具体象征(礼物)对我很重要。	C
	我喜欢听到别人对我的肯定。	A
8	我喜欢和我喜欢的人坐在一起。	E
	我喜欢听到我所喜欢的人说我很漂亮、很英俊或很有气质。	A

续表

序号	爱的表达方式	类别
9	花时间和我所爱的人在一起，令我快乐。	B
	我喜欢收到所爱的人赠送的小礼物。	C
10	我喜欢听到我所爱的人接纳我的话。	A
	我喜欢我所爱的人帮我的忙。	D
11	我喜欢和所爱的人一起做同一件事，不论那是什么。	B
	听到所爱的人对我说支持的话，我会很高兴。	A
12	所爱的人为我做的小事，比他的话更能感动我。	D
	拥抱让我觉得与对方很亲近，也觉得自己很重要。	E
13	我珍惜别人的赞美，也尽量免受批评。	A
	送我许多小礼物要比送我一份大礼物更能感动我。	C
14	当我和所爱的人聊天或一起做事时，我会觉得与他很亲近。	B
	所爱的人若常常与我有身体的接触，我会觉得与他很亲近。	E
15	我喜欢听到别人称赞我的成就。	A
	当别人勉强他自己去为我做一件事，我会觉得他很爱我。	D
16	我喜欢朋友或所爱的人走过我身边时，故意用身体触碰我的感觉。	E
	我喜欢别人听我说话，而且表现出兴趣十足的样子。	B
17	当朋友或所爱的人帮助我完成工作，我会觉得被爱。	D
	当拆开朋友或所爱的人赠送的礼物，我会觉得兴奋。	C
18	我喜欢听到别人称赞我的外表。	A
	当别人愿意花时间了解我的感受，我会有被爱的感觉。	B
19	在我心目中有特殊地位的人触碰我时，我觉得有安全感。	E
	服务的行动让我觉得被爱。	D
20	我很感激在我心目中有特殊地位的人为我付出那么多。	D
	我喜欢收到所爱的人为我做的礼物。	C
21	我很喜欢在我心目中有特殊地位的人用心陪伴我。	B
	我很喜欢被人服务的感觉。	D

续表

序号	爱的表达方式	类别
22	有人送我生日礼物时，我会觉得被爱及受重视。	C
	在我生日那天，有人对我说或写出特别的话，我会觉得被爱。	A
23	有人送我礼物，我就知道他有想到我的需求。	C
	有人帮我做家务，我会觉得被爱。	D
24	我很感激有人耐心听我说话而且不插嘴。	B
	我很感激有人记得某个特别日子并且送我礼物。	C
25	我喜欢知道我所爱的人因为关心我而帮我做事情。	D
	我喜欢和我心目中有特殊地位的人一起去逛街、旅行。	B
26	我喜欢和最近的人牵手、拥抱……	E
	有人不为特别理由而送我礼物，我会觉得很开心。	C
27	我喜欢听到有人向我表示感谢。	A
	与人交谈时，我喜欢对方注视我的眼睛。	B
28	朋友或所爱的人所送的礼物、我会特别珍惜。	C
	朋友或所爱的人触碰我的身体，那种感觉真好。	E
29	有人热心做我请求帮忙的事时，我会觉得被爱。	D
	当别人说欣赏我，我会觉得被爱。	A
30	我每天都需要身体的接触。	E
	我每天都需要肯定的话。	A

注：A＝肯定的言词；B＝精心的时刻；C＝接受礼物；D＝服务的行动；E＝身体的接触。

附录五 爱的语言包图案纸

________ 爱的语言包

爱的语言	情感需求	我需要的“爱的语言”	我需要	TA做到
肯定的话语	需要被认可、鼓励、倾听	1. 我需要 2. 我需要 3. 我需要		
精心的时刻	需要被关注、不想被打扰	1. 我需要 2. 我需要 3. 我需要		
收到礼物	需要仪式感，喜欢为自己付出	1. 我需要 2. 我需要 3. 我需要		
服务的行动	需要帮助自己解决问题	1. 我需要 2. 我需要 3. 我需要		
肢体的接触	需要用肢体亲密表达爱	1. 我需要 2. 我需要 3. 我需要		

附录六　爱的语言打卡表

Day 1
我尝试了爱的语言是:
我做了:
我的感受是:　　　　对方的感受是:

Day 2
我尝试了爱的语言是:
我做了:
我的感受是:　　　　对方的感受是:

Day 3
我尝试了爱的语言是:
我做了:
我的感受是:　　　　对方的感受是:

Day 4
我尝试了爱的语言是:
我做了:
我的感受是:　　　　对方的感受是:

Day 5
我尝试了爱的语言是:
我做了:
我的感受是:　　　　对方的感受是:

Day 6
我尝试了爱的语言是:
我做了:
我的感受是:　　　　对方的感受是:

Day 7
我尝试了爱的语言是:
我做了:
我的感受是:　　　　对方的感受是:

打卡7天后,我的感受:________________________________

附录七　冲突蛛网图案纸

附录八　能量泡泡图案纸

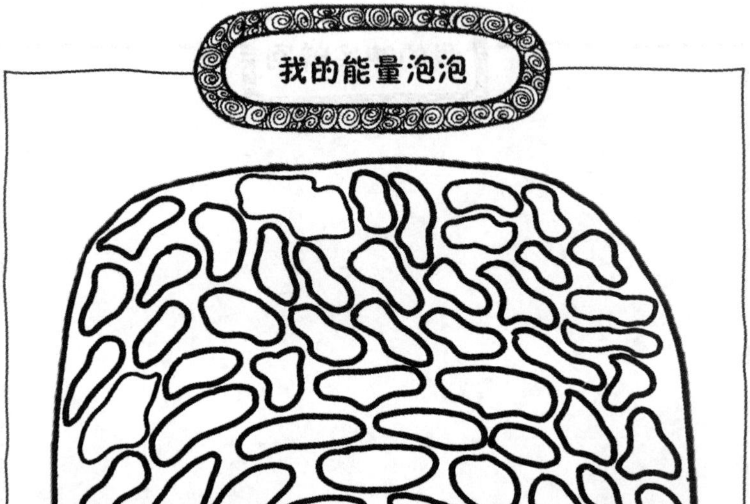

附录九　身体的情绪地图图案纸

附录十　焦虑怪图案纸一

我的焦虑怪

如果焦虑是一个怪物，那么它是什么模样？

附录十一　焦虑怪图案纸二

我的焦虑怪

哪些种类的负面想法会喂养你的焦虑怪，让它变强变大？

附录十二　焦虑怪图案纸三

我的焦虑怪

什么样的肯定性话语能让你的焦虑怪变弱变小？

附录十三　愤怒的龙卷风图案纸

我的龙卷风

附录十四　黑点变形记图案纸

我的黑点变形记

附录十五　我的呼吸图案纸

我的呼吸

附录十六　旋转画图案纸

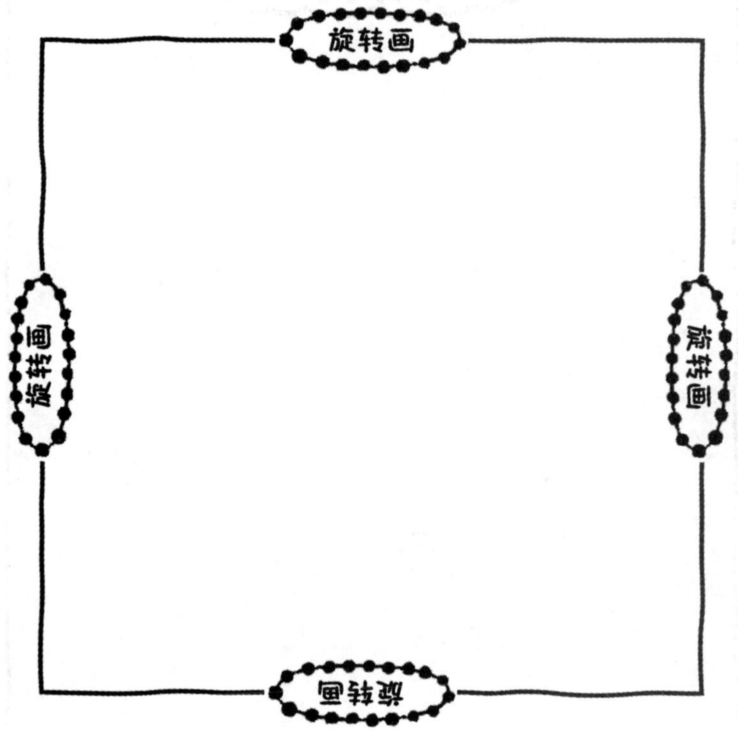

附录十七　曼陀罗画图案纸

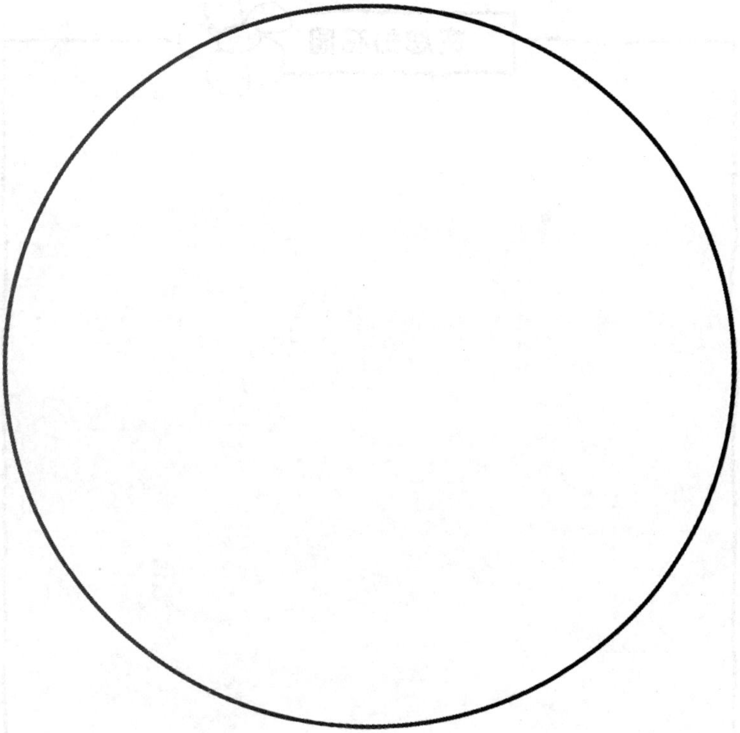

附录十八　宽恕的花园图案纸

后　记

听说后记可以写一些自己的感悟，一时间想写的竟然很多。

若读者能一直看到这里，那我要感谢您对这本书的包容。

如果你跟我一样，喜欢从后记往前看，我也会有点欣喜。曾经我也这样。

据说我是在出生 100 天时离开了出生的那个城市，安静地在长途火车上睡到了父母的老家。幼年时期的我头大、身体瘦弱，经常摔倒。三岁时不小心从高处坠落当场休克，此后家里亲戚聚会常会讨论，我到底是因为摔了脑震荡变聪明所以读书还可以，还是不摔这一下会更聪明。但不管怎样，大家都知道我不善言辞，且畏惧生人。我常在众人吃饭时，坐在墙角看书，或者有人来家里时，匆忙躲进自己的小世界。

据说幼儿园老师发现我下课也不出去和小朋友玩，到我家家访。家人除了确认我一直胆小内向，并没有觉得我有啥问题。老师也充满关爱，残留的也许是后期塑造的记忆里，有下雨天老师背着我深一脚浅一脚地我送回家的温暖画面。

虽然我似乎从小就很内向，但确实有青梅从幼儿园一直玩到大，也有竹马在小学的周末清晨来家喊我起床一起去玩。

虽然没有主动交友的记忆，但好像也没有缺过朋友。哪怕是到了青春期，害羞腼腆多愁善感的我，身边也总有朋友，跟异性交往虽然不多，但起码还有前后桌的男孩子可以交谈，对喜欢自己的男生不知如何应对，却也没有感觉到被灼灼关注的压力。

一直到了大学，才开始学习主动和别人交朋友。没有经验的人总显得有点笨拙，也遇到过一些人际交往的困境与烦恼。可是依旧能在一些奇特的经历中结识朋友，并保持着较为长久的互动关系。渐渐提升了主动开展人际交往的能力和勇气。

自从读研换了心理学专业后，人际交往的自如程度也日益提高。当了老师之后，站稳讲台的强烈需求，也促使自己对如何更好地开展人际互动更加上心。虽然交往不能只靠技巧，但是学会表达、学会沟通，对人际交往确实很有帮助。

成为老师已经 20 年。铁打的校园，流水的学生。我跟很多学生在校期间都建立过良好的关系，但也因为毕业分离减少了联络后渐渐疏远。故此对人与人之间的关系变化，也产生了很多新的认识和感悟，将理论与实践结合起来，每年送别的伤感依然会有，但也渐渐地可以更加顺其自然。

回顾让我们更好地向前。感恩一路照顾和陪伴我的父母、丈夫宁，感恩我的女儿益萱来到我的生命中，让我学习如何去做母亲。生命之流永不停息，人际交往始终随行。

最后的最后，衷心感谢草籽美术的姜鑫老师以及中国科学技术大学附属中学的武益萱和曹梓同学为本书绘制的插图，让本书图文并茂，更加生动。

宋　怡

2025 年 4 月